戦後体育行政の
形成過程

平塚卓也 著

成 文 堂

はしがき

　本書は、戦後体育行政の形成過程を事例として、スポーツ政策の政策形成過程を理論的かつ実証的に明らかにすることによって、スポーツ政策学研究の発展に貢献することを目的としたものである。このような目的を設定した学術的な背景については、序章において述べるが、ここでは、個人的な背景について触れておくことにしたい。

　筆者が筑波大学体育専門学群に入学したのは、2012年4月であった。この時期というのは、日本体育・スポーツ政策学会関係者によって『スポーツ政策論』（2011, 成文堂）が刊行された直後である。すなわち、スポーツ政策に関する理論的な体系化が志向されたり、政策（科）学の知見の応用が志向されたりしていた時期に筆者は、スポーツ政策学に出会った。

　2014年4月よりスポーツ政策学研究室に所属してからは、演習において『スポーツ政策論』のほか、秋吉貴雄、伊藤修一郎、北山俊哉『公共政策学の基礎』（2010, 有斐閣）を読んだ（あるいは紹介された）記憶がある。また、当時、既に大学院進学を心に決めていたので、大学院ゼミにも参加していたが、その年の課題図書は、Barrie Houlihan and Iain Lindsey『Sport Policy in Britain』（2012, Routledge）であった（当時、スポーツ政策学を学び始めたばかりの筆者には、正直なところ理解できない内容であった…）。こうした著作との出会いは、政策学の理論を応用してスポーツ政策を実証的に分析しようという志向性を暗黙のうちに筆者のなかに育んだように思う。

　一方、卒業論文を書くことにあたっては、当初、なかなかテーマが決まらなかったが、丁度、スポーツ庁が設置される頃であり、指導教員の齋藤健司先生の示唆もあり、行政組織の研究に取り掛かることにした。卒業論文では、文部省設置法及び文部科学省設置法における「体育」、「スポーツ」規定の歴史的な変化を明らかにした。ただ、事実の変化は明らかにしたものの、その要因についてはほとんど言及できなかった。そこで、博士前期課程に入

学してからは、その要因を検討することになったのであるが、これまた指導教員の示唆があり、とりあえず、戦後から、すなわち、1949年の文部省体育局廃止から始めることになった。

　それから、なぜだろうか、大学院時代を遊びほうけたせいか、あまり先には進まず、2021年3月、筑波大学に博士論文「1949年の文部省体育局廃止の歴史的過程に関する研究」を提出するに至った。こうして、博士号を取得できることにはなったのであるが、筆者にはいささかの心残りがあった。1つは、博士論文では、歴史研究として歴史的事実の実証を重視したため、政策学の理論の応用という点はほとんど打ち出すには至らなかった。もう1つは、1958年の体育局設置まで描けなかったことである（これについては、予備審査で指摘も受けた）。

　そこで、この心残りをなくすために、博士論文提出後に取り組んできた研究成果を併せて、まとめ直し、出版することとした。なお、その過程において、博士論文には大幅な修正をしており、本書の序章及び結章はほとんど新しく書き直したものであり、第1章も大幅に削っている。

　また、本書のもとになっている論文の初出は、次のとおりである。

・平塚卓也（2021）1949年の文部省体育局廃止の政策決定過程における体育局の体育行政論．スポーツ史研究，（34）：19-32.
・平塚卓也（2021）1949年の文部省体育局廃止の政策形成過程におけるアクター行動の制約．体育学研究，66：677-689.
・平塚卓也（2023）1955年の厚生省スポーツ局構想の頓挫：利益、制度、アイディアの視点から．体育学研究，68：33-49.
・平塚卓也（2024）1958年の文部省体育局設置の政策形成過程——利益、制度、アイディアの視点から——．体育・スポーツ政策研究，33（1）：印刷中

　本書には、まだまだ書き足す、書き直すべきことはあったかもしれないが、今年度に30歳という節目を迎えること、また、現職を退職することを1つのタイミングだと思い、ここで単著という形でこれまでの研究成果を世に問うことにした。

　未熟なところもあるかもしれないが、日本のスポーツ政策学の現状に対して、問題提起をする内容にはなったのではないだろうか。上記のとおり、筆者が大学に入学する頃には、『スポーツ政策論』が刊行されていた。スポーツ政策に関する学会や授業がない段階から、ここまでスポーツ政策学を発展させてきたのは、先達たちの大きな功績であろう。一方、それから10年以上が経過したが、この間、スポーツ政策学はどれほどの研究成果を蓄積してきたのだろうか。あるいは、それをもとに現実のスポーツ政策にどれほど貢献してきたのだろうか。率直にいえば、もっとできたのではないか、そのような批判的な気持ちが筆者にはある。本書には、そのような日本のスポーツ政策学に対する問題意識も込めている。これは、若気の至りかもしれない。ぜひとも、学問的な成果を通じたご批判を仰ぎたい。

　無論、もっとできたのではないかという批判的な気持ちは、自分自身にも向けられている。本書においてもいくつかの課題を残しているという自覚があるし、本書の草稿や本書の内容をもとにした研究発表に対して、既にご指摘いただいたこともある。例えば、本書は、スポーツ政策学において政策学の理論を応用するという志向を持っている。これは、筆者がスポーツ政策学に出会った時期も影響しており、無意識のままに継承してきた志向性であるが、その認識論的な前提についても議論すべきではあっただろう。あるいは、本書では、スポーツ政策学に関するレビューが国内の研究動向に留まっているという限界もあるだろう。これらについて自覚はあるものの、上述のとおり、タイミングということで一区切りとした。これらを含めた本書の課題には引き続き向き合い、本書が筆者にとって最初で最後の単著にならないように精進していきたい。

　さて、本書を執筆するにあたっては、様々な方々にお世話になりました。
　本書は博士論文とは別物であり、本書の内容は全て筆者の責任の下にあるが、まずは、博士論文を審査いただいた齋藤健司先生、真田久先生、深澤浩洋先生、鈴木明哲先生に心より感謝申し上げます。この感謝をどのような言

葉で表現したら良いか分からないが、今後も着実に研究を進め、研究成果を通じて、ご恩に報いることができれば幸いである。

　つぎに、筑波大学体操競技部在籍中にご指導いただいた、佐野淳先生、渡辺良夫先生、金谷麻理子先生、齋藤卓先生、濱崎裕介先生、また、先輩、同期、後輩のみなさまにも心より感謝申し上げます。体操競技部に所属したことは、筆者の人生の大きな転換点であったように思います。とくに、山下龍一郎さん、廣田修平さん、森井大樹さんが、体操競技とスポーツ運動学を熱く、厚く、語る姿は、筆者が研究者（大学教員）を志したきっかけになっています。また、同期の佐野智樹さんの存在は、研究では遅れをとらないようにというモチベーションを与えてくれました。

　それから、筑波大学スポーツ政策学研究室の関係者の皆様にも心より感謝申し上げます。齋藤健司先生、成瀬和弥先生のほか、新井喜代加さん、松畑尚子さん、武田丈太郎さん、沖村多賀典さん、日下知明さん、閔允淑さん、姜知佑さん、棚村英行さん、五賀友継さんの先輩方と議論できたことで研究の発展に繋がりました。とくに、日下知明さんには、本書の草稿を読んでいただき、コメントをいただきました。ご指摘について全てを反映することはできませんでしたが、今後の研究のなかで応えていきたいと思います。また、南方隆太さん、西平桂太郎さんには、つくばを離れた後、文献や研究室の情報を送っていただき、研究のサポートをしていただきました。ありがとうございました。

　この他、個別にお名前を挙げることはできませんが、博士後期課程の同級生や「とおか研」（B棟6階）、「草の根なスポーツスタディーズ（UPSS）」（尾川, 2022, p. 179を参照）、「環瀬戸内体育研究会」といった研究会のみなさま、学会で出会ったみなさまとの議論から大きな刺激を受けました。また、筑波大学、ミュンスター大学、環太平洋大学、関西福祉大学の様々な方々にお世話になり、研究を継続することができました。さらには、匿名の査読者の方など、知らないところで多くの方々にお世話になったことと思います。なお、本研究は、JSPS科研費JP21K17612の助成を受けたものです。ご支援

に心より感謝申し上げます。

　また、本書の出版にあたっては、吉田勝光先生、新井喜代加先生に成文堂をご紹介いただきました。編集の過程においては、同社の篠崎雄彦様にお世話になりました。心より感謝申し上げます。

　最後に、家族に心より感謝いたします。

　2023年 9 月19日

平　塚　卓　也

目　次

序　　章

　本書は、戦後体育行政の形成過程を事例として、スポーツ政策の政策形成過程[1]を理論的かつ実証的に明らかにすることによって、スポーツ政策学研究の発展に貢献することを目的としている。

　本章では、まず、本研究が上記の目的を設定した理由及びそれを達成するための手立てについて述べる。第 1 節では、日本のスポーツ政策学における政策形成過程研究の展開と課題について説明する。第 2 節では、本研究の対象である戦後体育行政の形成過程について、先行研究の整理をするとともに、政策形成過程研究の事例としての特徴について説明する。第 3 節では、本研究の分析枠組みについて説明する。第 4 節では、本研究の意義について説明する。

第 1 節　日本のスポーツ政策学における
政策形成過程研究の展開と課題

　本節では、日本のスポーツ政策学における政策形成過程研究の展開を概観し、課題を指摘する。

第 1 項　スポーツ政策研究の萌芽

　日本におけるスポーツ政策研究の萌芽は、1970年代にみることができる[2]。国内的には1960年代にスポーツ振興法の成立（1961年）、東京オリンピック大会の開催（1964年）などがあり、現実のスポーツ政策が動いていた。また、高度経済成長を背景に国民のスポーツへの関心も増大してきた。国際的には1960年代以降、ヨーロッパ諸国において Sport for All（みんなの

スポーツ）運動が広まり、ヨーロッパ評議会スポーツ担当大臣会議で「ヨーロッパ・スポーツ・フォー・オール憲章」が採択（1975年）、ユネスコの第20回総会で「体育・スポーツ国際憲章」が採択される（1978年）など、スポーツ参加が権利として謳われるようになった。そのような背景からスポーツ政策は、日本の体育学・スポーツ科学の研究対象としても盛んに取り上げられ始めた。

　なかでも関春南による一連の著作は、戦後日本のスポーツ政策に関心を寄せるとともに、スポーツ政策研究の体系化を志向したものであった（関, 1970, 1975, 1978）。また、関の著作の影響を受けながら、草深直臣や内海和雄などの研究者が戦後日本のスポーツ政策に関する研究成果を蓄積してきた（草深, 1977, 1979：内海1990, 1992）[3]。こうした研究成果として特筆すべきなのが、内海（1993）の『戦後スポーツ体制の確立』及び関（1997）の『戦後日本のスポーツ政策――その構造と展開――』である。両者は、戦後日本のスポーツ政策の歴史的展開を政治、経済、教育などの社会動向との関係のなかで描き、豊富な諸事実を明らかにしており、戦後日本のスポーツ政策を理解するうえでは、いまなお通説的地位にあるといえる。

　ただし、これらの研究は、次のような問題意識の下でスポーツ政策の歴史的過程を描こうとした。例えば、関は、スポーツ政策を「支配権力のスポーツに対する要求と被支配権力である国民のスポーツに対する要求との矛盾の統一として打ち出されている」と認識し、把握していた（関, 1997, p. 67）。さらに、関は、「『スポーツの主権者としての国民』が、スポーツを享受し、創造・発展させていくには何が必要かという視点から、スポーツ政策をとらえ分析していこうとするものである。事実の『いかにあるか』を基礎に、では『いかにあるべきか』『そのために、どのようにしたらよいか』の解明に研究の力点がおかれる」と述べた（関, 1997, p. 22）。すなわち、関は、「国民的なスポーツ政策の策定という実践的課題」（関, 1997, p. 25）との関係でスポーツ政策の歴史的過程を描いたのであった[4]。

　また、関及び内海は、具体的な歴史的過程の分析にあたって、次のような

分析枠組みを設定していた。内海は、戦後スポーツの行政と法には、「それらを取り巻く政治・経済的要因、スポーツ思想、運動など多くの要因が影響を与えており、またそこから影響を受けている。行政と法の関連の変遷はそうした諸要因との対応の中で把握されなければならない」と分析枠組みを設定した（内海, 1993, p. 15）。関は、「スポーツ政策の要に位置していた文部省行政とこれと不可分の関係にあった日本体育協会の動向を、他方では、スポーツ政策を突き動かした団体や個人の多様な要求と運動と世論の動向を、政治、経済、教育との関連のなかで分析する」と分析枠組みを設定した（関, 1997, p. 26）。両者の研究は、政策形成の要因を広範囲に想定しており、実際に政治、経済、教育などの社会動向に広く言及しながら叙述した大変な労作である。しかし、両者は、政策形成の説明という観点からいえば、変数が多様かつ広範であり、因果関係を推論することができないという問題がある。

　以上、この時期の研究は、研究対象として真正面からスポーツ政策を取り上げて研究を蓄積してきた点では意義深いものであった。しかし、国民のスポーツ要求をもとに実現されるべきスポーツの目的や理念（いかにあるべきか）を所与として設定して、それらと具体的なスポーツ政策の相違点を批判的に（どのようにしたらよいか）論じる実践的、運動論的な方向に発展していった。一方、このような認識においては、現状のスポーツ政策がなぜ、どのように形成されたのかという関心は、スポーツ政策をどのようにすべきかという関心の後景に退くこととなり、政策形成過程の理論的な説明という点での発展は乏しかった。

第2項　スポーツ政策学への志向

　1990年代にはスポーツ政策研究を専門とする学会が発足した。1991年、日本体育・スポーツ行政研究会が発足し、1997年、日本体育・スポーツ政策学会へと名称変更した。そのような動きのなかでスポーツ政策学の体系化が志向され始めた。2001年、日本体育・スポーツ政策学会第11回大会において、西村が「体育・スポーツ政策学の理論と構造」という講演を行い（西村,

2002)、シンポジウムでは遠藤が「『体育・スポーツ政策科学』の体系化のための予備的考察」(遠藤, 2002)、諏訪、深川及び田崎が「体育・スポーツ政策学の体系づくりと人材育成」をそれぞれの立場から報告した (深川, 2002：諏訪, 2002：田崎, 2002)。とくに、遠藤の報告は、宮川 (1994, 1997) の著作を紹介し、スポーツ政策研究への政策科学の導入を企図したものであった (遠藤, 2002)。2006年、同学会第16回大会においては「スポーツ政策研究の領域と課題」というテーマでシンポジウムが開催された。この時期は、専門の学会が設立され、スポーツ政策研究における理論的な体系化、すなわち、スポーツ政策学が志向された時期であった[5]。そして、2011年、日本体育・スポーツ政策学会関係者によって「日本で最初のスポーツ政策に関する理論的な体系書」(齋藤, 2011, p. 477) として『スポーツ政策論』が刊行された。

　他方、2000年前後にはスポーツ振興投票の実施等に関する法律 (以下、「スポーツ振興投票法」と略す) の成立 (1998年) という現実のスポーツ政策の動向に関連して、スポーツ政策の政策形成過程に関心を寄せる研究がいくつか報告された。

　中村は、スポーツ行政をめぐる政策ネットワーク研究の一環として、スポーツ振興投票法案の政治過程について、導入の背景、法案の国会提出に至るまでの政治過程、賛成論と反対論のポイント、他の政治課題との絡みなどについて検討し、関係諸アクター間の相互作用の特質を5点指摘した。要約すれば、中村は、①政治におけるスポーツ政策の優先順位の低さが反映された、②連立政権における少数勢力や国会外の諸アクターが影響力を及ぼした、また、他省庁との利害調整が自民党内のそれと連動していた、③政策内容について、金融機関の業務拡大や文部省の権益拡大との関連が懸念され、修正された点があった、④くじがギャンブルか否かをめぐる認識に相違があり、議論自体がかみ合っていなかった、⑤スポーツ界の総意ではなく、また、スポーツ界の政治姿勢の脆弱性があり、日本体育協会・日本オリンピック委員会の政治への従属がより一層顕在化したと指摘した (中村, 1999：2006, pp. 220-238)。

　中村の研究は、「諸アクターが各々の有する資源（リソース）を用いてどのように影響力を行使し、相互に作用し、協働しているのか、そして、自らの利益拡大や目的達成に向けて活動する諸アクター間の相互作用がどのようなネットワークを形成し、そのネットワークはどのような特質を持っているのか」を明らかにして、スポーツ政策の特質に関する実証研究を積み上げようとしたものであった（中村，2006, p. 1）。中村の研究は、スポーツ政策学の体系化が志向された時期に政策ネットワーク論の知見を応用して詳細な実証研究を実施した点でスポーツ政策学に対する貢献は大きい。ただし、中村の研究関心は、政策ネットワークの特質を明らかにすることであり、政策形成の要因を明らかにすることではなかった。また、本章第3節において説明するように、諸アクターが自身の利益を実現するために影響力資源をもとに影響力を行使し、相互作用した結果の産物として政策形成を説明することにも一定の限界がある。

　加藤は、従来のスポーツ政策論を批判的に検討し、「今後スポーツ政策論を展開していくためには、現状のスポーツ政策が貧困であるという評価を下すだけでは不十分であり、政治学や経済学、あるいは比較的新しい学問である政策科学といった学問領域のパラダイムを援用して、スポーツ政策の様々な局面を分析していくことが必要となる」（加藤，2004, p. 17）と述べたうえで、スポーツ政策の政策形成過程研究の必要性を指摘した。そのうえで、加藤は、スポーツ政策の主要なアクターである日本体育協会、日本オリンピック委員会及び文部省体育局の特徴について検討したとともに、政策過程を中村（1996）の政策類型を軸に「ルーティン型：官僚主導型の政策形成」と「非ルーティン型：政治家主導型による政策形成」に区分し、スポーツ振興投票法の立法は、「非ルーティン型」に該当することを指摘した。ただし、加藤は、同研究において具体的な政策形成過程を論じたわけではない（加藤，2004）。

　加藤は、その後の研究において、スポーツ振興投票法の立法過程について議員立法に関する研究を参考に「何故議員立法という形が取られたのか」を

中心に検討した（加藤, 2009）。同法が「ギャンブル法案」との批判もあった
ことから、「内閣から提出しにくい法律」（小島, 1983）であり、かつ、政党名
が前面に出ると批判に晒される可能性も見込んで、スポーツ議員連盟が主体
となった「党派にとらわれない議員立法」（大山, 2003）になったと指摘した
（加藤, 2009）。なお、加藤は、同研究で法案審議での論点や法案成立の要因に
ついて若干の指摘をしたものの、理論的に検討したわけではない。

　加藤の研究は、政策過程や立法過程に関する研究の知見を積極的に導入し
た点で意義がある一方、アクターの特徴、政策過程の類型や立法形態など、
スポーツ政策の政策形成過程の特質を指摘したに留まる。つまり、加藤の研
究は、政策形成の要因を理論的かつ実証的に説明するには至っていない。加
藤自身が、「文部科学省内での政策設計や、与党の部会レベルでの議論が公
開されない限り、スポーツ政策形成過程の詳細は明らかにならないといわざ
るを得ない」と限界を述べていた（加藤, 2009, p. 26）。

　武田は、それまでのスポーツ政策研究の研究方法を分類、整理し、「政策
学理論を応用した研究は少ない」という結果を示したうえで、「研究方法論
や研究の枠組みを意識しながら、現実の政策を対象とした研究を行う必要が
ある」ことを指摘した（武田, 2009, p. 61）。武田は、その後の研究において、
スポーツ振興法の制定及び改正における国会審議の過程を分析した結果とし
て、「質疑回数が少ないこと、限られた改正時にしか質疑が行われなかった
こと、質問者が少ないこと及び質問内容が偏っていること」を指摘し、「十
分な議論が行われて制定及び改正に至ったわけではない」とまとめた一方、
「スポーツ振興法を含めスポーツ政策の実質的な作成の過程を明らかにする
ためには、国会審議の前の段階を明らかにする必要がある」ことを指摘した
（武田, 2011, p. 79）。武田は、政策学理論の応用の必要性を指摘したものの、実
証研究においては政策段階論に基づき、スポーツ振興法の形成過程を段階に
分け、国会審議過程を対象に分析したに過ぎない。政策段階論は、政策過程
を理解する出発点であり（中沼, 2007）、政策形成の要因を説明できるような
モデルではない[6]。

　以上のほかにも、スポーツ政策の政策形成過程に関する研究は、いくつか存在するが[7]、一般化可能な変数を設定して理論的かつ実証的に政策形成過程を説明しようとするものではない。

第3項　特定の理論モデルの応用

　近年では、特定の理論モデルを応用したスポーツ政策の政策形成過程研究がいくつか見られる。田中・金子（2011）は、イギリスのスポーツ政策学における政策過程分析について、政策ネットワーク分析、唱道連携フレームワーク、マルティプル・ストリームフレームワークを用いた研究事例を紹介した。当時、日本のスポーツ政策学においては、中村（2006）の政策ネットワーク論を用いた研究成果があったものの、唱道連携フレームワークやマルティプル・ストリームフレームワークについて言及したものは管見の限り見当たらなかった。田中や金子といったイギリスに留学した研究者によって、同国のスポーツ政策学における理論的な潮流が紹介された意義は大きいだろう。

　その後、マルティプル・ストリームフレームワークや唱道連携フレームワークを応用した実証研究が実施された。田中（2013）は、Kingdon（2003）のマルティプル・ストリームフレームワーク（政策の窓モデルとも呼ばれる）を応用して戦後日本における障害者のスポーツの発展を分析した。閔・齋藤（2019）もマルティプル・ストリームフレームワークを応用して、韓国における学生選手の学習権保障制度の前決定過程を分析した。横井（2021）は、小島・平本（2020）による新・政策の窓モデルを応用して UNIVAS 設立の政策形成過程を分析した。遠藤ら（2021）は、Sabatier and Weible（2007）の唱道連合フレームワークを援用して、マレーシアにおける障害者スポーツ政策の形成過程を分析した。その他に、青山ら（2022）が、新制度派組織論（社会学的新制度論とも呼ばれる）の立場から「正当性」や「制度的同型化」という概念を用いてオランダにおけるオリンピック委員会とパラリンピック委員会の統合背景とその影響を説明した研究も注目される。

　このように、2010年代以降、とくに近年において特定の理論モデルを応用してスポーツ政策の政策形成過程を分析しようとする研究が出現し始めている。しかし、その数は、わずかに過ぎず、緒に着いたばかりと言ってよいだろう。また、研究対象が多様化する一方で、日本のスポーツ政策に関する基本的な法制度の研究はなされていない。

第4項　スポーツ政策学における政策形成過程研究の課題

　2000年前後よりスポーツ政策学としての体系化が志向されたことにより、政策形成過程研究においても政策（科）学の理論を応用することが志向され、スポーツ振興法やスポーツ振興投票法を対象とした研究がいくつか実施されてきた。これらの研究の成果は、スポーツ政策の政策過程を段階に分けたり、類型化したりすることによって、一般化可能な概念で把握したこと、また、主要なアクターの特徴や行動、諸アクター間の相互作用や政策ネットワークの特質等を明らかにし、スポーツ政策の政策形成過程の特質を指摘してきたことであった[8]。

　他方、これらの研究は、スポーツ政策の政策形成過程の特質を指摘したに留まり、政策形成の要因を理論的に明らかにしてきたとはいえない。また、中央政府のスポーツ政策において、文部省が政策形成過程における中心アクターであることが認識されながら（加藤：2004, p. 19：中村, 1999, p. 43：中村, 2006, p. 203）、官僚主導の政策形成についてはブラックボックスとされ（加藤, 2004, p. 21）、「スポーツ政策の実質的な作成の過程」（武田, 2011, p. 79）は、描かれてこなかった。つまり、日本のスポーツ政策は、なぜ、どのように形成されるのか全くもって分かっていないのである。

　近年では、特定の理論モデルを応用して政策形成の要因を明らかにしようとする研究が見られるものの、緒に着いたばかりであり、研究が蓄積しているとはいえない状況にある。

　以上、これまで見てきたように、スポーツ政策の政策形成過程を理論的に説明している実証研究はほとんどないのが現状である。スポーツ政策学とし

ての体系化を声高に唱える一方で、実証研究を蓄積してこなかったという怠慢があったのではないだろうか[9]。

第 2 節　先行研究の整理と事例の特徴

　本研究は、戦後体育行政の形成過程、具体的には①1949年の文部省体育局廃止、②1955年の厚生省スポーツ局構想の頓挫、③1958年の文部省体育局設置の 3 事例の政策形成過程を検討する。本節では、先行研究の整理をしたうえで、スポーツ政策学における政策形成過程研究の事例として戦後体育行政の形成過程を扱うことの意味（事例の特徴）を述べる。

第 1 項　先行研究の整理
（1）　1949年の文部省体育局廃止

　1949年 5 月31日、第 5 回国会において文部省設置法が成立し、翌 6 月 1 日、文部省体育局が廃止された。当時、体育局は、体育局存続を求めたが、連合国軍最高司令官総司令部（General Headquarters, the Supreme Commander for the Allied Powers、以下、「GHQ/SCAP」と略す）の民間情報教育局（Civil Information and Education Section、以下、「CIE」と略す）は、それを聞き入れなかった（西田, 1978, p. 3）。また、保健体育・スポーツ関係者が体育局の存続を求めたが、その要望も叶わなかった（金井・草深, 1991：内海, 1993, pp. 63-66）。

　内海（1993）は、その過程を「CIE の強行ともいえる措置」と表現し、その理由を 3 点指摘した。第 1 に、「CIE の体育局、日本体育協会への『不信』」があったこと、第 2 に、「体育局のような統括的な組織がアメリカに存在しなかった」こと、第 3 に、「日本の権力機構の分散化の動向と結合」したことである。内海は、とくに第 1 の理由について、1947年10月27日、CIE 体育担当官ウィリアム・J・グラハム（William, J, Graham）が離任にあたって、上官のマーク・T・オア（Mark, T, Orr）教育課長に提出した覚書の内容を草深（1983）より引用し、日本体育協会及び体育局への不信感が存在し

たことを指摘した（内海, 1993, pp. 63-66）。

　しかし、金井・草深（1991）は、1948年 5 月 3 日、CIE 体育担当官ウィリ
アム・ニューフェルド（William, Neufeld）がオアに対して覚書きを送り、「体
育局に類する機構を存続させる意向」であったことを指摘した（金井・草深,
1991, pp. 142-143）。この指摘から考えれば、CIE の体育局への不信が体育局廃
止の要因となったという内海の指摘には疑念が生じる。なぜならば、体育局
廃止が議論になった際、グラハムは既に離任しており、担当官はニューフェ
ルドであったのでグラハムの覚書きを体育局廃止と結び付けるのは若干の飛
躍があるからである。

　他方、体育局は、体育局存続の意向であり、ニューフェルドも体育局に類
する部局を設置する意向であったにもかかわらず、結局のところ、体育局が
廃止されたことをどのように説明するのかという疑問も新たに生じる。金
井・草深（1991）は、ニューフェルドの覚書きを取り上げているものの、こ
の点については言及していない。

　このように考えてくると、体育局や CIE 体育担当官というアクターの行
動を制約する外的な要因についても言及しなければ、当該過程を説明するこ
とはできないだろう。

（2）1955年の厚生省スポーツ局構想の頓挫

　1949年の文部省体育局廃止から1958年の文部省体育局設置に至る 9 年の間
には、体育・スポーツ行政組織をめぐって様々な議論があった。その中でも
国会や新聞紙上で大きく取り上げられたのが、1955年の厚生省スポーツ局構
想であった。

　同構想については、既に内海（1993）及び関（1997）の研究によって、概ね
の事実経過が明らかにされている。1955年 5 月31日、衆議院内閣委員会にお
いて、川崎秀二厚生大臣は、田原春次議員（右派社会党）の質問に対する答弁
として、厚生省にスポーツ振興のための局を設けたい旨を述べた。その後、
この構想に関して議論が活発になされたが、内海は、「内閣内での綱引きに
よる矛盾」、「各新聞論調」及び「総動員体制への危機感」という反論があ

り、同構想は、「うやむやのうちに立ち消え」たと説明した（内海, 1993, pp. 89-92）。また、関も同構想が「スポーツの国家統制を強く感じさせるものであった」ことから「多くの反対にあい、立ち消え」たことを指摘した（関, 1997, pp. 131-132）。

　以上の先行研究の成果を整理すると、同構想の頓挫の要因として次の 2 点が指摘されたといえる。第 1 に、「内閣内での綱引き」として川崎の構想に対して松村謙三文部大臣が反対し、閣内不一致が生じたこと、すなわち、厚生省と文部省の利益対立である。第 2 に、20 歳になると強制的に身体検査を行うという厚生省の構想に対する世論の反対である[10]。

（3）1958年の文部省体育局設置

　1958年の体育局設置の経緯についても、内海（1993）及び関（1997）の研究において、アジア競技大会の開催、東京オリンピック招致やスポーツ振興法の立法というスポーツ政策に関する大きな流れと保健体育審議会、スポーツ振興審議会や日本体育協会等の建議、答申や要望等という関係アクターの動向が関連付けながら説明されてきた[11]。

　他方、上記の厚生省スポーツ局構想の頓挫を踏まえると、なぜ厚生省スポーツ局構想は頓挫したのに対して、文部省体育局設置は実現したのかという疑問が生じる。具体的に言えば、体育局設置の過程において厚生省スポーツ局構想の過程で生じた厚生省と文部省の利益対立や世論による反対はどのように乗り越えられたのかという疑問である。これについて、アジア競技大会の開催や東京オリンピック招致等という大きな政策動向による政策決定の後押しだけを要因として理解することには一定の限界がある。なぜならば、アジア競技大会の東京開催は、既に1952年 7 月には決定されており、東京オリンピック招致についても1950年代前半より1960年の招致に向けた動きがあったからである（内海, 1993, p. 123）。つまり、上記の大きな政策動向は、厚生省スポーツ局構想の時点でも存在したのであった。仮に大きな政策動向による後押しだけが政策決定の要因であるならば、文部省体育局ではなく、厚生省スポーツ局が設置されてもよかったはずである。

このように考えてくると、体育局設置の政策形成過程について、大きな政策動向による後押し以外の諸要因を含めて検討する必要がある。

第2項 事例の特徴

スポーツ政策学における政策形成過程研究の事例として戦後体育行政の形成過程を扱うことの意味は、4点あると考える。

第1に、本研究の対象は、文部省設置法という内閣立法によるスポーツ政策である。上記のとおり、スポーツ政策学における政策形成過程研究では、スポーツ振興法、スポーツ振興投票法及びスポーツ基本法という超党派による議員立法が研究対象として取り上げられてきた。それらに対して本研究は、内閣立法型のスポーツ政策を研究の俎上に載せるという意味がある。

第2に、文部省体育局廃止の過程では、文部省体育局や保健体育・スポーツの利益集団に加えて、一時はCIE体育担当官も体育局存続の方針であったが体育局は廃止に至った。すなわち、スポーツ政策に関する政策共同体におけるアクター行動や相互作用だけでは政策形成を説明できない事例である。本研究では、当該過程を検討することによって、スポーツ政策の政策形成過程において、スポーツ政策の外在的な要因によってアクター行動が制約されることを描けると考える。

第3に、厚生省スポーツ局構想の頓挫の一要因は、文部省と厚生省の利益対立であったが、文部省体育局設置にあたってはその点が解消された。したがって、その過程を検討することによって、スポーツ政策の政策形成過程における省庁間の調整の過程や要因を描くことができると考える。

第4に、厚生省スポーツ局構想の頓挫のもう1つの要因は世論の反対であったが、文部省体育局設置にあたってはその点も解消された。したがって、その過程を検討することによって、スポーツ政策の政策形成過程における国民の合意調達の過程や要因を描くことができると考える。

以上の諸点を描くことは、スポーツ政策学における政策形成過程研究において、ブラックボックスと指摘されてきた官僚機構によるスポーツ政策の政

策形成過程を描くことになるだろう。戦後初期の事例であり、現代のスポーツ政策を論じるうえでどこまで一般化可能であるかという限界がある一方で、一定以上の時間が経過しているゆえ、アクセス可能な資料も増え、これまでブラックボックスとされてきた点に迫ることができるという利点もある。

第3節　本研究の分析枠組み

　本研究は、戦後体育行政の形成過程を説明するために政策学や政治学において政策形成に関する基本的変数として挙げられることが多い3つの「I」の視点を採用する。3つの「I」とは、「利益（Interest）」、「制度（Institution）」、「アイディア（Idea）」の頭文字を指したものである（北山, 2015, p. 151：西岡, 2011, p. 97）。以下では、それぞれの視点について述べ、本研究の分析枠組みを示す。

第1項　利益の視点

　利益の視点では、政策過程において各アクターが自己の利益を最大化するための行動をとるものと考える（秋吉, 2007, p. 46）。

　政策過程におけるアクターの利益への注目は、アメリカの政治学における行動論革命と合理的選択論革命の影響を受けている。1950年代以降、制度を静態的に記述するアプローチに対する批判として行動論や合理的選択論に研究関心が集まった。行動論アプローチは、政治世界に住むアクターたちを研究し、アクターが何をなぜ行ったのかを社会的要因や心理学的要因を独立変数として説明しようとした。一方、合理的選択論アプローチは、アクター行動を経済的動機付けや利害計算を独立変数として説明しようとした（ピーターズ, 2007, pp. 26-32）。

　こうした流れを経て、政策過程分析の主流となったのは、多元主義であった。多元主義における分析視角では、アクターは自身の利益を実現するため

に他のアクターとの相互作用過程において影響力資源をもとに影響力を行使し、影響力資源を有するアクターの利益が表出する形で政策が形成されるとされた（秋吉. 2007. p. 7）。多元主義的アプローチでは、「なぜ特定の集団の利益を反映された政策が形成されるのか」という研究関心から政治構造を支えるアクター及びその関係の分析が行われてきた（秋吉. 2007. p. 24）。

　他方、多元主義的アプローチは、政策の安定性を前提とし、その安定性を支える政治構造に研究関心を持っていた。それゆえ、1970年代以降の現実の大規模な政策変容を説明できないという限界を見せ始めた。アクターの客観的利益が変わらないにもかかわらず、制度変化が起こるケースを説明できないという問題を抱えたのであった（木寺. 2012. p. 9）。このような利益の視点の限界を受けて、制度やアイディアの視点が注目されることとなった。

　本研究においても、アクターの利益、それに基づいた行動やその影響関係を把握することは重要となる一方、アクター行動やその影響関係を把握するだけでは説明できない問題もある。例えば、文部省体育局廃止において保健体育・スポーツ関係アクターは、同局の存続を求め、CIE 体育担当官も同局に類する組織の必要性を認めていた。他方、体育局廃止を推進するアクターの利益は、何であったのだろうか。当時は行政改革が実施されており、行政組織数の削減を利益とするアクターの存在を想定することはできる。しかし、複数ある行政組織の中から削減の対象として体育局が選択される論理を利益の視点から説明することは難しい。

　また、厚生省スポーツ局構想では文部省と厚生省の利益対立が生じたが、文部省体育局設置ではそれが解消された。両省が自らの利益の最大化のために行動して対立したとすれば、なぜ、厚生省スポーツ局構想は頓挫した一方で、文部省体育局設置は実現したのか説明が難しい。一般的に考えれば、文部省が厚生省に対してより強い影響力を行使できたとは考えられないだろう。したがって、本研究においても利益の視点による分析は一定の限界を有し、制度やアイディアの視点から補完する必要がある。

第2項　制度の視点

　制度の視点では、制度がアクターの行動を制約し、それが政策形成に影響を及ぼすとされる（秋吉, 2007, pp. 49-50）。多元主義ではアクターの利益が政策形成に表出するとされたが、制度の視点はその利益の表出が制度によって制約されることを指摘する。

　多元主義においては、個人や利益集団をアクターとして想定し、政策は諸アクターの行動や相互作用の帰結として説明されてきた。それゆえ、政策形成過程における国家や制度の存在は、等閑視されてきた。そのような状況に対して、Skocpol（1985）は、政策形成過程における国家の重要性を指摘し、国家論の復活を提起した。国家論は、アクターとしての国家が自律的に政策を決定、実施することを強調した。また、国家の構造たる諸制度や国家と社会を結び付ける諸制度が政策の帰結を規定する要因として分析の対象となった。ただし、国家論は、アクターとしての国家の存在を復権させた一方、アクターとしての国家に影響を及ぼす外的な存在への洞察が欠けていた（秋吉, 2015a, p. 169：真渕, 1994, p. 49：新川, 1993：pp. 29-37.）。

　他方、組織論において March と Olsen は、アクターが自らの関連する制度に影響を受けることを指摘し、制度の重要性を指摘するとともに、制度がアクター行動に与える影響に着目する研究群を新制度論と呼んだ（March and Olsen, 1984: 1989）。新制度論と呼ばれるのは、制度を静態的に記述する研究群との違いを表すためであった。新制度論は、March と Olsen の研究を契機として社会科学全域に影響を及ぼすこととなった。

　新制度論の研究群は、制度をアクター行動の規定要因と看做すという点では一致している。一方、変数としての制度の範囲をどのように設定するかという点は論者によって見解が異なり、制度の範囲についての統一的な見解は存在していない。制度を公式の制度（法律や規則といった明文化された制度）に限定する論者もいれば、非公式の制度（組織や社会における慣習・文化構造といったように明文化されていないものの、アクター行動に深く影響を及ぼすもの）を含める論者もいる（秋吉, 2015a, pp. 170-171）。

このように制度の範囲は論者によって異なるが、本研究は、把握可能性や要因の限定という観点から公式の制度のみを対象とする。もちろん、閣議決定における全会一致の原則のように、明文化されていない慣例でありながらも、政策決定に影響を及ぼす非公式の制度が存在する。そのため、秋吉が指摘するように、「非公式の制度を排除することが分析上不適切な場合」がある（秋吉, 2015a, p. 171）。他方、真渕は、政治文化を特定することは容易ではなく法令が最も操作性が高いことや、制度を広く捉えることは制度の説明力を高める一方で説明そのものを曖昧にすることなどを指摘している（真渕, 1994, pp. 54-55）。本研究は、スポーツ政策学における政策形成過程研究の現状を踏まえたとき、一定の限界に留意しつつも、要因を限定し、明確な説明を重視するという研究戦略を取ることとした。

　新制度論には複数のアプローチが存在し、代表的なものとして歴史的制度論、合理的選択制度論、社会学的制度論が挙げられる（Hall and Taylor, 1996）。これらは、制度がアクター行動に及ぼす影響に着目する点では一致するが、説明の際に重視するものが異なる。歴史的制度論は、制度発展の歴史が特定の制度や政策選択にどのような影響を及ぼしたか（経路依存性の論理）を分析する。合理的選択制度論は、制度が自己利益の最大化を目指すアクターの合理的な行動にどのような影響を及ぼしたか（計算の論理）を分析する。社会学的制度論は、制度が行動の前提となる個人の認識枠組みに作用することによって、アクター行動にどのような影響を及ぼしたか（適切さの論理）を分析する。すなわち、歴史的制度論では歴史や時間が重視され、合理的選択制度論では戦略が重視され、社会学的制度論では、社会の文化、規範や習慣が重視される（秋吉, 2015a, pp. 172-174：伊藤, 2002：西岡, 2012, pp. 134-135）。

　他方、制度がアクター行動をどのように制約するのかに関しては、①参加の制約、②行動選択の制約という2点から説明がなされる（秋吉, 2007, p. 50：秋吉, 2015a, pp. 175-185：真渕, 1994, pp. 59-60）。

　参加の制約とは、制度によって誰が政策決定に参画できるか（政策決定の場）が規定されることである。例えば、法案は最終的に国会で議決される

が、議決に参加できるのは、選挙によって選ばれた国会議員のみである。官僚は、法案作成段階において関与することはできるが、議決には参加できない。また、利益団体は、審議会等を通してなんらかの関与をすることはできるが、具体的な法案作成作業や議決には参加することができない。

　行動選択の制約とは、制度によってアクターの選択肢の範囲が限定されることである。歴史的制度論は、過去の制度が現在の制度選択に一定の制約を与えることを「政策遺産」（Weir and Skocpol, 1985）や「経路依存性」（Pierson, 1994）の概念で説明している。合理的選択制度論は、制度がアクターの選択肢を示し、規定することを「ゲームのルール」（North, 1990）の概念で説明している。社会学的制度論では、社会通念といった非公式の制度が、アクターが選択肢を判断する認識に影響することを「同型化」（DiMaggio and Powel, 1983）という概念を用いて説明している。

　以上、新制度論には３つの代表的なアプローチがあり、それぞれが何を重視して、アクター行動の制約をどのように説明するのかを簡単に確認した。上記のとおり、本研究は、制度の範囲を公式の制度としたため、社会の文化、規範や習慣といった非公式の制度を重視する社会学的制度論とは立場が異なる。他方、歴史的制度論及び合理的選択制度論は、制度の均衡や安定性を重視しており、制度変化を説明するうえで一定の限界を有することが指摘されている（西岡, 2012, p. 135）。

　歴史的制度論では、「均衡断絶」（Krasner, 1984）という概念で制度変化を記述しているが、変化の要因を分析するためには制度以外の概念を導入しなくてはいけないという問題がある（秋吉, 2007, p. 36）。合理的選択制度論では、制度はゲームのルールとしての役割を果たすと仮定され、制度は自己利益の最大化を目指す諸アクターの利益調整の結果（均衡）が具体化したものとして理解される（North, 1990）。しかし、アクターが自らの利益をどのように認識するのかという点について説明しきれないという問題を抱える。アクターの利益が制度によって規定されるとしながら、制度を諸アクターの利益調整の結果と看做すならば、矛盾が生じる。また、アクターの利益調整の結果と

して複数の均衡点が存在したときに、ある一つの均衡点が選択されるメカニズムが明確でないという問題も有している（秋吉, 2007, p. 38）。

このような限界から、制度的文脈を踏まえつつ、アイディアや言説の概念を導入して制度変化を説明する言説的制度論と呼ばれる理論枠組みが登場した。Schmidt は、「アイディアや言説を用い、制度的コンテクストにおいて政治的変化（および持続性）を説明する」アプローチを言説的制度論と総称している（Schmidt, 2010, p. 2：西岡, 2012, p. 136）。これは、歴史的制度論、合理的選択制度論、社会学的制度論に続く、第4の新制度論としても位置づけられている。

以上、制度の視点は、本研究において制度によるアクター行動の制約を説明するという点では一定の有効性を発揮すると考える。例えば、既に指摘したように、文部省体育局廃止において体育・スポーツ関係アクターは同局の存続を求め、CIE 体育担当官も同局に類する組織の必要性を認めていた。また、体育・スポーツ関係アクターは、同局廃止後においても体育局復活を求めてきたが、その実現には時間を要した。すなわち、体育・スポーツ関係アクターの行動や利益の表出を制約するものが働いていたことが推察される。体育・スポーツ関係アクターは、行政改革のような上位の政策領域における決定に対して参加の制約があると同時に、上位の政策領域における決定によって、その行動の選択肢も制約されることが想定される。制度の視点は、このようなアクター行動の制約を説明するうえで有効であると考えられる。

他方、制度の視点は、複数ある行政組織の中から削減の対象として体育局が選択される論理を説明することができない。また、厚生省スポーツ局構想における文部省と厚生省の利益対立や世論の反対が、文部省体育局設置においてどのように解消されたのかを説明することも難しい。したがって、本研究は、制度の視点による説明の限界を踏まえ、アイディアの視点を導入する。

第3項　アイディアの視点

　アイディアとは、政策形成過程においてアクターの認識枠組みを形成し、アクターの行動を規定するものとされる（秋吉, 2007, p. 47）。多元主義や合理的選択制度論においてアクターの利益を所与とすることに対して、そもそもアクターは、どのように自己の利益を認識するのかという認識枠組みの重要性が指摘されてきた（秋吉, 2007, p. 27：木寺, 2012, p. 21）。また、合理的選択制度論や歴史的制度論において制度をアクター行動の制約要因と看做す場合、それらは制度の持続性を説明するのには適していたが、制度変化を説明することには限界があった。そこで、制度変化を説明する変数として注目されたのが、アイディアであった（木寺, 2012, pp. 22-25）。

　Derthick and Quirk（1985）は、アメリカの航空輸送産業、電気通信産業、トラック輸送産業における規制緩和を説明するために「理念（Ideas）」という概念を用いた。既得権益が政策を維持しようとする「利益の政治」に対して、規制緩和という理念によって、政策変容が生じることを説明しようとした「理念の政治」が注目された。ただし、理念の概念では、複数の理念の中から特定の理念が選択されるメカニズムや、理念が具体的な政策内容に及ぼす影響に関する説明が不十分であった。その後、理念の概念は、精緻化が図られるなかで知識の概念と結びつき、理念から技術的手段を含む「アイディア」の概念として再構成された。それゆえ、「Ideas」の語は、当初の「理念」の概念とその後の「アイディア」の概念とに区別して訳されている（秋吉, 2007, pp. 40-42：秋吉, 2015b, pp. 188-189）。

　アイディアの概念は、理念から技術的手段を含むものであり、その定義は論者によって若干異なるが、大まかには2つの次元に分けることができる[12]（秋吉, 2007：Campbell, 2001：Goldstein and Keohane, 1993：木寺, 2012：西岡, 2007, 2021：Schmidt, 2002：Weir, 1992）。1つは、規範的次元であり、アクターが物事の善悪や公正・不正を判断する価値基準に関する次元である。例えば、「奴隷制は間違っている」、「人には言論の自由がある」などである（Goldstein and Keohane, 1993, p. 9）。もう1つは、認知的次元であり、目的と手段の因果

関係を示す次元である。例えば、インフレ下において規制緩和をすると競争が発生し、価格が低下し、消費者利益の増大とインフレ抑制に繋がるという因果関係を提示するアイディアである（秋吉, 2015b, pp. 191-192）。

　ただし、アイディアが存在することと、アイディアが政策形成に影響を及ぼすことは分けて考える必要がある。Goldstein and Keohane は、アイディアが政策形成に及ぼす経路を 3 つ示した。1 つ目は、「ロードマップ（road map）」であり、不確実性が高まったなかでアイディアが道路地図のように行き先を示し、アクターの行動を方向づけることを指す。2 つ目は、「フォーカル・ポイント（focal point）」であり、複数の選択肢がある際に特定のアイディアが焦点となり、各アクターの行動が特定の選択肢に収斂することを指す。3 つ目は、「制度化（institutionalization）」であり、過去のアイディアが制度に埋め込まれ、次の政策形成にも影響を及ぼすことを指す（秋吉, 2015b, pp. 192-195：Goldstein and Keohane, 1993：西岡, 2007, pp. 147-148）。Goldstein and Keohane は、これによって、合理的選択制度論における課題であったアクターの利益を所与としている点や複数の均衡点が存在したときにある一つの均衡点が選択されるメカニズムを説明しようとした。

　しかし、そのような経路が存在するとしても、アクターがアイディアを用いて戦略的に働きかけ、他のアクターにもアイディアが受容されなければ、政策形成に影響を及ぼすことはできない。それゆえ、そのような相互作用過程におけるコミュニケーションの手段として「言説」の概念が注目された。Schmidt は、言説には「アイディア的次元（ideational dimension）」と「相互作用的次元（interactive dimension）」があるとしており、言説をアイディアも含んだ包括的な概念として定義している（秋吉, 2015b, p. 192：Schmidt, 2002）。アイディア的次元は、上記で規範的次元と認知的次元に区分したアイディアと同義と看做してよい（近藤, 2006, p. 51）。他方、相互作用的次元について、Schmidt は、コミュニケーションの手段として言説の役割を重視し、その機能に応じて「調整的言説（coordinative discourse）」と「伝達的言説（communicative discourse）」の 2 つに分類している。調整的言説は、主要な政策アク

ター間の合意を調達する機能を持ち、伝達的言説は、公衆を説得する機能を持つ（木寺, 2012, pp. 34-36：西岡, 2007, pp. 153-157：Schmidt, 2002, p. 231）。

　本研究は、既に利益や制度の視点では説明が困難としてきた点をアイディアの視点から説明することができると考える。例えば、複数ある行政組織の中から体育局を削減の対象として選択するアクターの認識枠組みをアイディアの視点から説明することができるだろう。また、厚生省スポーツ局構想における文部省と厚生省の利益対立や世論の反対が、文部省体育局設置においてどのように解消されたのかについても言説の調整的機能や伝達的機能の視点から説明することができると考える。

第4項　分析枠組みの整理

　本研究は、利益、制度、アイディアの3つの視点を踏まえて政策形成過程を分析する。まず、伝統的な政策過程論と同様に、アクターは自己利益を最大化するために行動するものと看做す。ただし、アクターの利益の表出は、制度によって①参加の制約と②選択肢の制約が生じる。また、アクターの利益は所与ではなく、アイディアを通じて構成されるものと理解する。アイディアには、①規範的次元と②認知的次元があり、それはコミュニケーション過程において言説の①調整的機能と②伝達的機能を通じてアクターに受容されるものと捉える。なお、3つの視点のいずれかを優位とするのではなく、アイディアが制度の根幹を形成したり、逆に、制度によってアイディアの選択が制約されたりするというような相互補完的な関係と理解する（秋吉, 2007, pp. 51-54）。

　以上のとおり、本研究は、言説的制度論の立場に基づき、制度的コンテクストを認識しつつ、アイディアや言説を用いて政策形成過程を説明しようとするものである。

第 5 項　本書の構成及び用いる史資料

（1）本書の構成

第 1 章では、1949年の文部省体育局廃止を検討する。第 1 節では、教育行政改革及び行政改革の動向を検討する。第 2 節では、「文部省設置法案」の立案過程における体育局に関する議論を検討する。第 3 節では、「文部省設置法案」の国会審議における体育局に関する議論を検討する。第 4 節では、「文部省設置法案」の立案過程において文部省体育局が作成した 3 点の政策文書を取り上げ、体育局のアイディアを検討する。

第 2 章では、1955年の厚生省スポーツ局構想の頓挫を検討する。第 1 節では、行政改革の動向を検討する。第 2 節では、1949年の体育局廃止後の体育・スポーツ行政組織に関する要望等の動向を検討する。第 3 節では、厚生省スポーツ局構想をめぐる議論を検討する。

第 3 章では、1958年の文部省体育局設置を検討する。第 1 節では、行政改革の動向を検討する。第 2 節では、「文部省設置法の一部を改正する法律案」の国会提出までにおける体育・スポーツ行政組織に関する建議、答申や要望等の動向を検討する。第 3 節では、「文部省設置法の一部を改正する法律案」の国会審議過程を検討する。第 4 節では、「文部省設置法の一部を改正する法律案」の予想質問答弁資料より文部省のアイディアを検討する。

結章では、本研究を総括するとともに、その含意について述べる。

（2）本研究に用いる史資料

本研究では、行政の内部資料[13]、各種審議会の建議、答申や要望等、国会審議議事録、日本体育協会理事会議事録、日本体育協会発行『体協時報』及び新聞記事等の他、関連する文献を適宜使用する。なお、引用にあたっては、旧字体を新字体に改めて表記する。

また、管見の限り、本研究が初めて発掘し、使用する一次資料がある。「森戸辰男関係文書」所収の作成者不詳「体育行政に関する総合的中央機関の必要性について」（作成者不詳, n.d.）及び国立公文書館所蔵「文部省設置法」所収「文部省設置法の一部を改正する法律案」の予想質問答弁資料である

（文部省大臣官房審議班, 1958）。本研究は、一次資料の発掘という点において、歴史研究としての意義をも有するものである。

第 4 節　本研究の意義

　本研究は、戦後体育行政の形成過程を理論的かつ実証的に明らかにすることによって、スポーツ政策学研究の発展に貢献することを目的としている。

　2011年、日本体育・スポーツ政策学会関係者によって刊行された『スポーツ政策論』は、当時のスポーツ政策学研究の1つの到達点といえるだろう。齋藤（2011）は、同書の「あとがき──スポーツ政策の現状とスポーツ政策学の課題」において、「日本のスポーツ政策は、政策決定の合理化が十分に図られているといえるのだろうか」と疑問を呈し、「政策過程の高度化と合理化をさらに発展させる必要がある」と指摘した（齋藤, 2011, pp. 474-475）。

　一方、政策決定の合理化を図るためには、政策過程に関する知識（of の知識）が求められる。齋藤が「スポーツ政策の現状とスポーツ政策学の課題」として、「政策決定の合理化」を指摘してから既に10年以上を経過しているが、この間にスポーツ政策の政策過程に関する知識は蓄積されてきたのだろうか。残念ながら、上述のとおり、スポーツ政策の政策形成過程を理論的かつ実証的に説明した研究はほとんどないのが現状である。本研究は、この課題に応えようとする点で意義を有すると考える。

　また、一般化可能な変数を設定しないまま政策形成過程を説明してきた従来の研究は、政策学、政治学や行政学などの研究者との共通言語を持っていなかった。スポーツ政策学が自らの学問的な基盤として政策学の理論の応用を志向した一方で、政策学、政治学や行政学などの研究者がスポーツ政策を研究対象に据えることはわずかに過ぎなかった。メディアにおいてスポーツが注目され、報道されていることと比べ、研究の対象として取り上げられてこなかったと言っていいだろう。

　近接領域を見渡したときに、スポーツ社会学が社会学と、教育行政学が行

政学との対話を進めていく一方で、スポーツ政策学のそれは遅々として進んでいないのではないだろうか。その要因は複数あるだろうが、スポーツ政策学の研究者が政策学、政治学や行政学などの理論を積極的に摂取し、共通言語を持ったうえで実証研究を行い、その成果を発信するということをしてこなかったことは少なくとも要因の1つであろう。本研究は、政策学や政治学の理論を積極的に導入して、共通言語を持ったうえで実証研究を行うことによって、スポーツ政策学と政策学や政治学などとの対話を促すという点においても意義を有すると考える。

1　政策過程論では、政策過程を段階に分けて見ることを前提としている。その段階は、単純には①政策形成、②政策実施、③政策評価の三段階に分けることができる。そのなかで本研究が対象とするのは、①政策形成の段階であるため、本研究においては原則的に「政策形成過程」の語を使用することとする。ただし、引用等の都合により単に「政策過程」と使用する場合もあるが、その場合も基本的には政策形成の段階を指している。

2　1970年代以前にもスポーツ政策に関する論考はあるが、体系的な研究が志向されたわけではない。なお、1945年〜2007年におけるスポーツ政策に関する研究については、武田（2009）の参考資料に文献リストがある。

3　関、草深、内海に続くものとして尾崎（2002）の研究も挙げられる。他方、体育史・スポーツ史の領域においては、戦前のスポーツ政策に関する研究が蓄積されている。とくに、日本では1920年代にスポーツが国家の政策的関心の対象となったことから、1920年代を中心とした研究の蓄積がある（高津，1978：坂上，1998）。当該時期の研究については、尾川（2022）が最近の注目すべき研究成果であり、先行研究についてもまとめられているので参照されたい。

4　このような認識は、草深（1977）の「研究関心は（…）"国民のスポーツ権"を真に実現しうる体育政策の総体的解剖は勿論、なかんづく、政策転換を生み出す力動態の解明」であるという言及にも通底している（草深，1977, p. 5）。また、内海（1993）は、「国家と国民という図式」を採用し、「戦後スポーツにおける民主的主体」を描こうとしている（内海，1993, pp. 16-17）。その他、森川（1978）にもこうした認識が見られる。

5　その他、池田（1999）がスポーツ政策科学の必要性を、田中（2008）がスポーツ行政学、スポーツ政策学の確立のための課題を指摘している。

6　政策段階論に近い発想で行われた研究として齋藤の研究もある（齋藤，2007a, 2007b）。齋藤は、フランスにおけるスポーツ基本法の形成を①立法過程と②前法制に

における法の執行、規制及び適用の過程と新しい法の形成過程とが複合的に存在する過程に区分し、さらに、立法過程を①法案の作成・協議の過程と②国会における審議過程に区分して分析を行っている（齋藤, 2007a, pp. 5-6）。

7　例えば、森（2000）、大橋・安田（2002）、出雲（2005, 2014）、田中（2007）、新井（2010）などがある。

8　上記で取り上げた研究のほかに、齋藤（2012）は、日本とフランスのスポーツ基本法の政策決定を比較してそのポリティクスの様相について指摘している。齋藤は、日本のスポーツ基本法の政策形成過程について詳細な実証研究をしたわけではないが、フランスのスポーツ基本法の形成に関する実証研究（齋藤, 2007a, 2007b）を踏まえ、かつ、その当時に同時代性をもって当該過程を見てきたうえでの指摘であり、注目に値する。齋藤の指摘は、次のとおりであるが、ここでもやはり、政策形成過程の傾向を指摘するだけである。齋藤は、日本のスポーツ基本法の政策決定について、諸アクターの行動や関係を分析した結果、「超党派のスポーツ議員連盟による事前協議段階での政治的な調整の傾向、政党間の利害対立・争点が顕在化しない傾向、低調な立法審議と一部の議員による調整の状況、非常に短い立法協議の問題、文部科学省など官僚機構の組織変更、省庁間の権限関係や機関間関係の決定の先送り傾向、官僚機構による立法のコントロールとボトムアップ型の民主的な協議の機会の不足、国とスポーツ統括団体との権限関係の不明確さと明確な対抗関係の不在、アドバイザリーボードなど特定の関係者や専門家による組織の影響、スポーツメディアによる批評や影響の弱さと国民的関心の低さ」などを指摘した（齋藤, 2012, p. 23）。

9　ただし、スポーツ政策学研究者の怠慢に対して若干の擁護をすれば、スポーツ政策研究は学問的基盤や職業的基盤が弱かったのである。戦後日本では、1950年に日本体育学会（2021年より日本体育・スポーツ・健康学会）が発足し、体育・スポーツに関する学術研究が本格的にスタートすることになった。その後、同学会では、研究領域ごとに分科会が設置されたが、1962年に体育社会学分科会、1964年に体育経営管理分科会が設置されている（日本体育学会, 2010）。他方、スポーツ政策を専門とする学会や研究領域としては、1991年に日本体育・スポーツ行政研究会（1997年より体育・スポーツ政策学会）、2021年に日本体育・スポーツ・健康学会に体育・スポーツ政策専門領域が発足した。また、体育・スポーツ系学部のカリキュラム編成には、保健体育科の教員免許状の取得に関わり「教育職員免許法施行規則」の規定が影響するが、同施行規則における「教科に関する専門的事項に関する科目」に列挙される人文・社会科学系科目は、「体育原理、体育心理学、体育経営管理学、体育社会学、体育史」である。

このような歴史や制度は、スポーツ政策研究における学問上の研究アプローチに社会学的アプローチや経営学的アプローチが多かったと指摘される（武田, 2009）ことと密接に関連していると見てよいだろう。すなわち、スポーツ政策研究において政策（科）学、政治学や行政学のアプローチが発展するような学問的基盤や職業的基盤が弱かったのである。

10　内海は、厚生省による強制的な身体検査という構想は、当時の砂田重政防衛庁長官による国民総動員体制計画と結びつけられて反対が強まったと指摘している（内海, 1993, pp. 90-92）。

11　なお、内海は、体育局設置の背景について、「当時の教育状況は、政治における『五五年体制』以降の露骨な教育政策の反動化の一環を担うものであり、五八年学習指導要領改定における道徳復活等の円滑な推進のために体育局がどうしても必要になったから」とも説明している。しかし、「教育政策の反動化」や「道徳復活」と体育局設置の関係性について、なんら具体的、実証的に論じられていない。これらが同時期に起きたことをもって関連づけて推察しているにすぎないので、本研究においては、内海が上記の指摘をしていることを注記するに留める。

12　Goldstein and Keohane は、世界観（world views）、道義的信念（principled beliefs）、因果的信念（causal beliefs）の3つのレベルに区分している。ただし、世界観とは、宗教、科学的合理性、主権などのレベルを指すものであり、戦後日本という一国の一時期を対象とする本研究においては、それらが異なることはないので、世界観を考慮する必要はない（Goldstein and Keohane, 1993：秋吉, 2015b, p. 190）。

13　国立公文書館所蔵資料、広島大学文書館所蔵「森戸辰男関係文書」所収資料、国立教育政策研究所所蔵「戦後教育資料」所収資料、国立国会図書館所蔵「GHQ/SCAP 文書」所収資料等を使用した。

第1章　1949年の文部省体育局廃止

第1節　教育行政改革及び行政改革の動向

第1項　文部省の権限削減及び指導助言行政への転換要請

　GHQ/SCAP の初期対日占領政策の基本方針は、非軍事化と民主化であり、教育改革においても軍国主義や超国家主義にもとづく戦時教育体制を撤廃するための諸改革が実施された。また、戦後の民主的な教育制度を確立するための諸改革も実施された。その基本方針を示したのは、1946年3月の第1次米国教育使節団報告書であった。そこでは「文部省は、日本の精神界を支配した人々の、権力の中心であった」と文部省の中央集権性が批判され、文部省の行政的管理権を削減し、地方に移譲すること、指揮監督行政方式から指導助言行政方式に転換すること及び文部省の機能を内務省から絶縁することなどが提案された[1]（米国教育使節団, 1946）。

　このような基本方針の下で文部省、CIE や教育刷新委員会[2]において教育行政に関する問題が検討された。1948年2月6日、教育刷新委員会は、第55回総会においてそれまでの審議結果を「中央教育行政機構に関すること」としてまとめ、決議した（教育刷新委員会, 1948）。同決議は、中央教育委員会の設置を前提に「学芸省（仮称）」の設置を提案した。中央教育委員会は、審議・議決機関として設置されるものであり、学芸省は、その所管行政について中央教育委員会の審議を経なければならないとされ、省の「政策立案機能に制約を加える」ものであった[3]（荻原, 1996, p. 80）。また、同決議は、「学芸省は、（…）科学、技術、芸術、教育その他文化の実体に干渉してはならない」と指摘するなど省の権限削減や指揮監督行政から指導助言行政への転換

を意図するものであった。

第2項　簡素化の要請

　一方、行政改革の動向も中央教育行政の改革に影響を及ぼした。行政改革に関しては、行政調査部[4]及び臨時行政機構改革審議会[5]によって議論された。これらにおいては、文部省廃止案も含めて議論されたが（行政調査部, 1947）、1948年6月30日、臨時行政機構改革審議会の最終報告書は、「文部省の組織については、昭和二十三年二月七日教育刷新委員会報告中学芸省（仮称）の組織に関する部分を基準とするものとする。但し、過渡的に行政事務の渋滞を来たさぬよう考慮するものとするが、この場合においても現在以上に部局の数を増加するが如きことのないようにすること」と指摘し[6]、教育刷新委員会案を支持したうえで部局数の増加に制限をかけることで最終的な結論とした（臨時行政機構改革審議会, 1948）。

　さらに、1948年12月、経済安定9原則が指令されたことを受け、予算の均衡を図るための一環として行政機構及び事務の簡素徹底化並びにこれに伴う人員整理を行う必要が生じた（行政管理庁史編集委員会編, 1984, p. 98）。そして、1949年2月25日、「行政機構刷新及び人員整理に関する件」が閣議決定され、各省庁は「部局数の整理廃合を行い、その規模を3割程度縮減する」ことなどが決定された。これによって文部省は、現行の1官房7局から3割、すなわち、2局削減する必要が生じた。

第2節　「文部省設置法案」の国会提出まで

第1項　関係アクターの体育局に関する方針

　文部省設置法の立法は、戦後の教育行政改革の一環として実施された。前述のとおり、1946年3月の第1次米国教育使節団報告書において、文部省の中央集権性が批判され、文部省機構改革が政策問題として取り上げられていた。その後、文部省機構改革が本格的に政策課題として検討されたのは、教

育刷新委員会の場であった。教育刷新委員会においては、1947年10月 3 日、第41回総会において、中央教育行政機構の問題が今後の検討課題として取り上げられ（日本近代教育史料研究会編, 1996, pp. 90-91）、同年12月12日、第48回総会において第十特別委員会が設置され、具体的な検討がなされた（日本近代教育史料研究会編, 1998, p. 203）。その結果は、1948年 2 月 6 日、教育刷新委員会第55回総会において報告され、「中央教育行政機構に関すること」として決議された。

　同決議では、中央教育行政機構として「学芸省（仮称）」を設置し、その内部部局として 1 官房 6 局を設置することが提起された。そのうちの 1 局に「運動、競技、体育等に関する事項を所管する局（例えば体育局）」が示された（教育刷新委員会, 1948）。すなわち、教育刷新委員会は、体育局設置の方針であった。

　他方、同年 2 月20日、教育刷新委員会第57回総会では、沢田節蔵委員より、同年 2 月19日の連絡委員会において CIE のオア教育課長がこの決議に関して「学校体育面のことは、別に体育局というものがなくても、これは学校教育局でやればいいじゃないか。それから校外の体育という問題が考えられるが、これは新構想に基く文化局か社会局の方で吸収されればいいだろう。新しい学芸省が特に体育局というものをおかないでもいいじゃないか」（日本近代教育史料研究会編, 1996, p. 367）と意見を述べ、体育局不要の意向を示したことが報告された。

　同年 3 月11日、文部省行政監察委員会[7]は、「文部省機構改革について」において文部省の内部部局を 1 官房 8 局として提案した[8]。そのうちの 1 局に「学校体育及び社会体育の奨励と助長に関する事務、学徒の保健衛生並びに厚生に関する事務、体育施設並びに体育用資材の斡旋等に関する事務を所管する局（例えば体育局）」が含まれていた（文部省行政監察委員会, 1948）。すなわち、文部省行政監察委員会は、体育局設置の方針であった。

　同年 3 月、東俊郎体育局長は、「日本の体育行政機構について」[9]において体育局の必要性を主張した（東, 1948）。また、同年 5 月 3 日、CIE 体育担当

官ニューフェルドは、「Reoganization of Mombusho」をオア教育課長に提出した。そこでは、保健体育部局に保健計画課、体育課、運動競技管理課及びレクリエーション課（学徒厚生）の 4 課を設置する方針が示された（Neufeld, 1948a）。

　同年 5 月14日、文部省は、「文教省設置法案」を閣議提出した。同法案には、内部部局に関する規定がなかったため、文部省の体育局に対する方針は明示されていなかった（文部省, 1948a）。ただし、文部省行政監察委員会が体育局設置方針であったことや同法案第 3 条「本省の所掌事務及び権限」の第18号で「学校及び社会における体育運動」について、第19号で「健康教育、学校給食及び学校における保健衛生」について規定しており、連続する号で保健体育に関する事項を規定していたことから推察すれば、体育局設置の方針であった。

　なお、第 2 回国会において各省設置法の上位法にあたる国家行政組織法案に重要な修正があったため、「文教省設置法案」は、国会提出されず、法案の名称を「文部省設置法」とすることのみが決定され、廃案となった。国家行政組織法案の修正とは、内部部局についてであり、修正前案では内部部局を政令事項としていたが、参議院の審議により内部部局のうち官房・局・部の設置と所掌事務を法律事項とすることが決定された（佐藤, 1957, p. 89）。

　以上、1948年 5 月14日、「文教省設置法案」廃案までの文部省設置法の立案過程における関係アクターの体育局に関する方針をまとめれば、教育刷新委員会、文部省、文部省行政監察委員会、東及びニューフェルドは、体育局設置の方針であった一方、オアは体育局廃止の方針であった。文部省は、自らの組織を維持することが利益となるので、体育局を存続させようとした方針は理解できる。また、東及びニューフェルドは、体育・スポーツ関係アクターであり、体育局を存続させようとした行動は理解できる。一方、オアが反対した理由は、その利益から推定することはできず、この時点では明白ではない。

第2項 文部省による体育局廃止への政策転換

1948年6月12日、東ら[10]は、ニューフェルドと会談した。東は、教育刷新委員会の連絡委員会のメンバーと体育局を学校教育局に含める可能性について議論したが、体育局の機能が学校に限定されるものではないことから学校教育局に含めた場合、体育局の事務をさらに分裂させるだろうと否定的な見解を示したことを報告した（Neufeld, 1948b）。これに対するニューフェルドの意見は、史料では確認できなかった。ただし、この時点において体育局廃止を含めて文部省機構改革が検討されていたことがわかる。

その後、同年9月7日、文部省大臣官房文書課長森田孝とCIEのパウル・E・ウェッブ（Paul. E. Webb）との会談[11]において、体育局の存廃を巡る議論が大きく動いた。同会談において、森田が提示した文部省設置法案における内部部局の編成は、大臣官房、初等教育局、中等教育局、大学局、学術局、社会教育局、文化振興局、施設局、予算統計局、厚生局、教科書局及び調査局の1官房11局であり、体育局が含まれていなかった（Webb, 1948b）。文部省は、これまでの体育局設置方針から体育局廃止へと政策転換を図った。文部省が政策転換を図った理由は記されていないが、CIEが体育局設置に反対している以上、間接統治下という政治状況においてはその意を汲むことになったと考えるのが妥当であろう。

ただし、同案は、1官房11局編成であり、当時の行政改革の方針である簡素化に反していた[12]。ウェッブは、民政局[13]は「文部省の必要性を低く感じており、文部省を廃止することに反対しないだろう」（Webb, 1948b）と指摘し、文部省廃止を示唆しながらさらなる改革を要求した。当時の行政改革においては、文部省廃止論が存在しており（鈴木, 1970）、文部省廃止は現実味を持つものであった。

同日、ウェッブは、森田と再度会談しているが、会議録に次のように記していた（Webb, 1948b）。

　　議論を通じて、文部省機構改革に含まれる根本的な問題の1つは、権力と財

政のための省庁間闘争であるということが以前にも増して明白に表れた。文
部省が体育局をあきらめることを躊躇する理由の 1 つは、体育局が行ってき
た職務を厚生省に取られることに対する懸念からである。かつて、厚生省は
体育に対して権限を行使しており、再び権限を手に入れることを切望してい
るようだ。

ウェッブは、文部省が厚生省との権限関係から体育局廃止をためらってい
ると看做しており、文部省の対応に否定的な評価を示した。また、ここから
明らかなようにウェッブも体育局廃止の方針であった。

なお、文部省と厚生省の関係について補足すれば、次のような歴史的経緯
があった。日本においては、明治政府誕生以降、文部省が中心となって体育
を所管してきたが、1920 年代に内務省が運動競技に関心を示し、文部省と内
務省の間で運動競技の所管を巡る対立が生じた。この際は、内閣に設置され
た行政調査会の議論を経て、文部省が運動競技を所管することが決定された
(坂上, 1998, pp. 64-80：尾川, 2020)。しかし、1938 年 1 月 10 日、厚生省が設置さ
れると同省に体力局が設置され、同局が学校外における体育を所管すること
となった (大蔵省印刷局編, 1938)。その後、1946 年 1 月 31 日、厚生省から文部
省に学校外の体育の所管が移管されるまでは、学校における体育を所管する
文部省、学校外における体育を所管する厚生省という二省による所管体制で
あった (大蔵省印刷局編, 1946b)。このように、両省間においては、体育関係の
所管を巡る対立が生じていた。

1948 年 9 月 11 日、森田は、ウェッブと再度会談し、文部省設置法の修正案
を提示した。同案の内部部局は、大臣官房、初等教育局、中等教育局、大学
学術局、社会教育局、施設局、予算統計局及び行政管理局の 1 官房 7 局であ
り、体育局は含まれていない。ウェッブが、森田に対して文部省内において
同案が受け入れられる可能性を問うと、森田は、体育局を除いて同案に同意
したと報告した (Webb, 1948c)。この森田の報告からは、文部省内での調整
の結果、文部省内において体育局廃止が既定路線となったとともに、体育局
だけが体育局存続を求める立場となったことが窺える。

第3項　保健体育・スポーツ関係者による体育局存続要望

　文部省の文部省設置法案において体育局廃止の方針が示されたことを受けて、保健体育・スポーツ関係者から立て続けに体育局存続の要望が出された。

　1948年9月13日、身体文化促進委員会議長[14]のイディッテ（Idditte）は、ウェッブと会談し、身体文化促進委員会は、文部省設置法案に体育局が含まれていないことを懸念しており、文部省に体育を振興するための規定を設けることを望んでいると述べた。これに対してウェッブは、現在の法案における内部部局は各学校種及び社会教育に対応した教育の対象機関別の組織編成であり、科学局、体育局、数学局や職業局などのような教育の内容別の組織編成に対して一般的な承認を得ていると述べた（Webb, 1948d）。このウェッブの回答より、CIEの体育局廃止方針の理由が読み取れる。すなわち、文部省の内部部局を教育行政の対象別に編成することによって、必然的に教育行政の内容別である体育局が廃止に至るというアイディアであった。

　同日、東は、ニューフェルドと会談し、文部省事務次官から体育局廃止、改組を伝えられたことを報告するとともに、体育局の所掌事務が分散されることに対する懸念を表明した（Neufeld, 1948c）。同年9月16日、イディッテは、ウェッブと再度会談し、前の会談を踏まえて文部省に対する助言機関として位置づけられる体育に関する委員会を設立することをウェッブに対して勧奨した（Webb, 1948e）。

　同年9月17日、国会議員の松本滝蔵[15]は、ニューフェルドと会談し、保健体育について文部省の複数局の複数課に分割するよりも1局において専門家集団によって扱う方が日本の学校にとって良いだろうとの意見を述べた（Neufeld, 1948d）。同年9月20日、日本体育指導者連盟会長の大谷武一は、ニューフェルドと会談し、体育局存続を要望する旨の書簡を提出した[16]（Neufeld, 1948e）。同日、日本学校衛生会の岩原拓は、ニューフェルドと会談し、体育局存続を要望する旨の報告書を提出した[17]（Neufeld, 1948f）。同年9月22日、東及び日本体育協会理事長の清瀬三郎は、ニューフェルドと会談し

体育局存続を求めた（Neufeld, 1948g）。同年 9 月27日、東京都教育局の長松二郎及びオカダ[18]は、ニューフェルドと会談し、13地域の代表者が署名した体育局存続の要望書を提出した[19]（Neufeld, 1948h）。

　以上のとおり、体育局及び保健体育・スポーツ関係者から体育局存続要望が出された。保健体育・スポーツに利益を有する者たちであり、体育局存続を要望することは、当然の行動であったといえよう。他方、ウェッブは、内部部局を行政対象別の組織編成にするという組織編成論に基づいて、体育局存続要望を明確に退けた。これは、保健体育・スポーツ関係者の視点から体育局という一組織を見ているアクターと組織編成論の視点から当該組織を見ているアクターとの議論であり、すれ違っていたといえよう。なお、ニューフェルドについては、賛同した記録もなければ、反対した記録もなかった。

第 4 項　代替案としての文部省厚生局設置構想

　他方、文部省では体育局廃止を前提にしつつ、体育局の代替として文部省に厚生局を設置する案が構想されていた。

　1948年 9 月17日、森田は、ウェッブと会談し、文部省設置法案を立案するうえで文部省内外から圧力があることを述べた。この圧力とは、文部省の内部部局に厚生局を設置することと関係していた。当時、教員の給与や福利厚生等の担当部局を設置する案が出たところに体育局の所掌事務を抱き合わせるかたちにして厚生局の設置が構想されたのである。これに対してウェッブは、教員の給与及び厚生とスポーツ及びレクリエーションの間には論理的な関係が見受けられないことを指摘した。また、ウェッブは、文部官僚が確信もないままに文部省に厚生局が必要であると感じていること及び日本のスポーツ界は東の指導力が認められるよう望んでいることを記し、東の指導力によって非論理的な厚生局構想がなされていることに対して懸念を示した。（Webb, 1948f）。

　同年 9 月20日、東は、ウェッブ及びニューフェルドと会談し、ウェッブに対して保健体育部局の必要性を直接訴えた。しかし、ウェッブの意見は一貫

しており、教育の対象機関別に組織編成すべきこと、さらに将来的に文部省の事務は、地方教育委員会に移管することになるとの立場から保健体育部局の必要性を認めなかった（Webb, 1948g）。

　同年9月23日、森田は、ウェッブと会談し、内閣において各省庁に人事管理部局を組織するのではなく、別に1つの人事管理機関を組織するほうがよいという結論に至ったことを報告した（Webb, 1948h）。文部省厚生局案は、教員の給与や福利厚生等の担当部局を設置し、そこに体育局の所掌事務を入れ込もうとする案であり、各省庁とは別に人事管理機関を設置することは、文部省に厚生局を設置する前提を失ったことを意味する。

　そして、同年11月2日、文部省とCIEの折衝の末に作成された「文部省設置法案」[20]では、内部部局を大臣官房、初等教育局、中等教育局、大学学術局、社会教育局、施設局、予算統計局及び行政管理局の1官房7局とし、法案から厚生局は姿を消した（文部省, 1948b）。

　このように文部省とCIEの折衝の結果、一定の合意に至ったが、当時の政治状況等の影響によって同案が国会に提出されることはなかった。それは、芦田均内閣の総辞職後、1948年10月15日、第2次吉田茂内閣が成立したが、吉田が所属する民主自由党が議会で少数であることから早期解散総選挙の実施を目指したためである。また、同年12月、経済安定9原則が指令されたことを受け、行政機構刷新及び人員整理が課題となり、文部省設置法案も再度、修正されることになった。

第5項　保健体育部局設置要望の再燃

　1949年1月26日、大蔵省主計局は、「内閣及各省行政整理試案」において社会体育関係事務を文部省から厚生省に移管することを提起した（鈴木, 1970, 巻末資料）。この提案は、文部省設置法案に直接反映されたわけではないが、文部省の懸念材料になったと考えられる。

　同年2月4日、CIEは、「文部省設置法修正案」を提示した。同案では、内部部局を大臣官房、行政管理局、初等教育局、中等教育局、大学学術局、

社会教育局及び教育調査局の1官房6局としており、従来の体育局の所掌事務は、関係各局に分散された。行政管理局において学校給食が、社会教育局において社会における体育、スポーツ、運動競技及びレクリエーションが所掌されることが明記されていた。また、学校における保健衛生及び体育について明示的な規定はないが、初等教育局、中等教育局及び大学学術局の所掌事務に含まれると考えられる（CIE, 1949）。つまり、文部省が社会体育を含む保健体育関係事務を所掌することとなっており、社会体育関係事務を文部省から厚生省に移管するという大蔵省主計局案の影響は確認できない。

　ただし、文部省は、大蔵省主計局案を懸念していなかったわけではない。同年2月11日、文部省は、「文部省設置法C・I・E修正案に対する問題点」を指摘した（文部省, 1949a）。そこでは、文部省の内部部局に「厚生局（教職員、学徒の福利厚生及び体育衛生）」を追加することを希望した。再び、文部省厚生局構想が打ち出された。さらに、同年3月1日、文部省は、「教育衛生の所管について」において文部省と厚生省における学校衛生の所管を巡る合意の歴史的経緯を述べ、学校衛生は文部省所管の学校教育と不可分であり、文部省が所管すべきことを主張した（文部省, 1949b）。文部省は、社会体育だけでなく、学校衛生についてもその所管は文部省であることを強調しており、文部省の所掌事務が厚生省に移管される可能性を懸念していたといえる。文部省と厚生省の潜在的な利益対立が文部省の行動を規定していたといえよう。

　同年3月14日、東は、ニューフェルドと会談し、文部省の内部部局に保健厚生局を加えて設立することを提案するとともに、厚生省が学校における保健体育を厚生省の権限下に置くことを再び提案してきたと報告し、それに対する懸念を表明した。これに対してニューフェルドは、教育課長のアーサー・K・ルーミス（Arthur, K, Loomis）[21]に相談すると述べるにとどめた（Neufeld, 1949a）。さらに、同年3月21日、東は、ニューフェルドと会談し、文部省から厚生省への学校保健の権限移譲について議論するための会議に関連して、翌3月22日に公衆衛生福祉局のチーフと面会したいと要望した[22]

（Neufeld, 1949b）。

　他方、同日、日本学校衛生会の岩原拓などの学校保健衛生関係者[23]が ニューフェルドと会談し、文部省に保健厚生局を設置することを申し入れ た。また、日本学校衛生会役員全員一致の意見として厚生省に学校保健を移 管することに対する懸念を表明した。これに対してニューフェルドは、文部 省機構改革は学校保健の重要性を軽視するものではなく、全体の教育計画と より密接に調和させることを意図していると述べた（Neufeld, 1949c）。

　同年 4 月11日、東は、ニューフェルドと会談し、地方学校教育局の一部門 として保健体育を統合して所管するように再度主張した。それに対して ニューフェルドは、保健、体育及びレクリエーションをさらに細分化し、初 等、中等、高等教育一般から分離するものになると指摘した（Neufeld, 1949d）。これまでの会議録では、ニューフェルドが東の主張に対して否定又 は肯定したことは確認できなかったが、この時点において初めて東の主張に 対して CIE 一般の考え方を示しながら反対意見を述べたことが記録されて いる。

　この後、同年 4 月14日、東は、「行政機構改革に対する意見」において、 再度、保健体育部局を設置する必要性を訴えたが（東, 1949）、その翌日 4 月 15日に「文部省設置法案」は、閣議提出された。

第 6 項　体育局廃止後の連絡調整組織

　次節で述べるように、文部省設置法案は、国会に提出され、審議を経て可 決されることになる。ただし、法律事項以外の文部省機構改革については、 いまだ議論の途中であった。

　1949年 4 月18日、東は、ニューフェルドと会談し、体育局の所掌事務の分 散について議論し、これまでウェッブによって指摘されてきたように体育局 の所掌事務は、教育の対象機関別に初等中等教育局、大学学術局及び社会教 育局を中心に分散される方向性であることを確認した（Neufeld, 1949e）。ま た、それらの連絡調整に関しては、常設の組織がその役割を果たすことが確

認された。東は、これまで一貫して体育局の所掌事務の分散に反対し、保健体育に関する一部局の設置をニューフェルドに対して訴えてきたが、既に文部省設置法案が国会に提出されたこともあり、ここでは体育局の所掌事務の分散及び調整組織の設置に関する議論へと移行していた。

　同年4月21日、東は、ニューフェルドとの会談において、東がこの間、国会議員及びCIEのドナルド・R・ニューゼント（Donald, R, Nugent）局長とルーミスと会議をし、保健体育、スポーツ及びレクリエーションに関する調整組織を設置することについて議論したことを報告した（Neufeld, 1949f）。さらに、同年4月25日、東らは、ニューフェルドと会談し、同日の午後、国会議員や体育・スポーツ関係者の参画のもと体育及びレクリエーションに関する調整組織の設置に向けてその目的や委員について議論することを報告した。その参加者とは、川崎秀二（民主党）、河野謙三（民主自由党）、松本滝蔵（国民協同党）、東龍太郎及び清瀬三郎（日本体育協会）、イチムラ（日本学生野球協会）、大島鎌吉（日本レクリエーション協会）、今村嘉雄（日本体育指導者連盟）、伊地知純正（体育振興委員会委員長）、細川潤一郎（全国高等学校体育連盟）並びに東及び栗本義彦（文部省）であった（Neufeld, 1949g）。学校保健衛生関係者の参画は見られないが、日本の体育、スポーツ及びレクリエーションに関する主要な関係者が参画し、調整組織に関して議論していた。

　なお、ここでの議論において、体育局廃止後の関係事務の調整が課題とされていたこと及び体育局廃止に際して設置されたのが保健体育審議会であることから考えれば、ここで議論された調整組織は、保健体育審議会になったと考えるのが妥当であろう。また、後述のスポーツ振興会議の設立につながったと考えることもできる。

　そして、同年5月31日、東は、ニューフェルドに体育局長としての最終日を迎えたこと、文部省設置法が成立したこと及び保健体育審議会の委員の推薦を依頼されたことを報告した（Neufeld, 1949h）。同日の文部省設置法の成立を受けて、改組後の文部省では、従来の体育局の所掌事務は、初等中等教育局の中等教育課体育係が初等中等の体育を、同局保健課が学校保健を、大学

学術局大学課体育係及び同局視学官（体育担当）が大学の体育を、社会教育局運動厚生課が社会体育、スポーツ及びレクリエーションを、管理局学校給食課が学校給食を所掌することになった（文部省、1950a）。また、保健体育審議会には、学校保健分科審議会、学校体育分科審議会、学校給食分科審議会、社会体育分科審議会の4分科会が設置されることとなった（大蔵省印刷局編、1949a）。

第3節　　国会審議過程

第1項　衆議院内閣委員会における趣旨説明

1949年4月25日、第5回国会衆議院内閣委員会において、文部政務次官柏原義則は、文部省設置法案の提案理由及び機構改革の大要を説明した（衆議院事務局編、1949a, p. 16）。

柏原は、法案の提案理由を「先般政府の行政機構刷新の方針が確立され、それに即応しまして、文部省の機構を簡素化すること、戦後の教育の民主化を推進するにふさわしい中央教育行政機構を設ける必要」から文部省設置法案を立案した旨を説明した。次に、このような立法趣旨に基づく機構改革の大要として内部部局の編成を官房、学校教育局、社会教育局、科学教育局、体育局、教科書局、調査局及び教育施設局の1官房7局から官房、初等中等教育局、大学学術局、社会教育局、調査普及局及び教育施設部を含む管理局の1官房5局1部に改組することを説明した。

文部省機構改革の基本方針として「簡素化」と「民主化」の2点が挙げられた。「簡素化」とは、「政府の行政機構刷新の方針」、すなわち、第3次吉田内閣による「行政機構の簡素化」及び「各省庁職員の人員整理」の方針に則るものであり、文部省に限らず国家行政組織全般に適応される改革方針であった。このような方針の反映が内部部局数の1官房7局から1官房5局1部への減少である。

一方、「民主化」には、当時の国家行政組織改革のなかでの「文部省改革

の相対的特殊性」（荻原, 1996, p. 105）が反映されていた。文部省機構改革にお
ける「民主化」とは、従来の「中央集権的監督行政」から「指導助言」、「助
長育成」行政への転換であった。これを内部部局の構成から確認すれば、初
等中等教育局、大学学術局及び社会教育局の3局は、「指導助言を行う面で
は、敗戦前のごとく、指揮命令ないしは権力的な権限行為を伴わしめないこ
とを念願とし、かつ、その対象別でめいりょうに分けて、内容区分しないこ
ととした」（森田, 1949a, p. 15）という方針のもとに「対象別」に編成された。
一方、管理局は、「権力を伴う権限行為、つまり、許認可行為、検定等は管
理局として一局としてまとめ、権力の根源となる資材関係も（教育施設部）
こゝに附属せしめ」られた（森田, 1949a, p. 15）。また、調査普及局は、「内容
面の指導助言が官僚的独善に陥らないように保証するには、綿密、正確な実
態調査にもとづく統計材料から判断された結果であることが絶対必要であ
る」との要請から1局として設置された（森田, 1949b）。荻原（1996）は、この
ような新しい文部省の「指導助言」的性格に基づく、組織編成原理を「『非
権力的』事務と『権力』的事務との事務二分論にもとづく、局の二元構成原
理」として特徴づけている（荻原, 1996, p. 103）。

　以上のような組織編成原理というアイディアによって、旧文部省で「内容
別」に編成されていた体育局、教科書局及び科学教育局は廃止され、所掌事
務が分散された。

第2項　衆議院内閣・文部委員会連合審査会における質疑

　1949年5月6日、衆議院内閣・文部委員会連合審査会において、文部省設
置法案の審議がなされた。まず、高瀬荘太郎文部大臣より法案の提出理由及
び機構改革の大要が説明された。その内容は、前述の柏原の説明と同様で
あった（衆議院事務局編, 1949b, p. 1）。次に、質疑において、森戸辰男議員（日
本社会党）及び有田喜一議員（民主党）が体育局に関する質問を行い、高瀬が
回答した。なお、森戸は、片山内閣及び芦田内閣において文部大臣（在任期
間：1947年6月1日〜1948年10月15日）を務めた人物であった。森戸の在任期間

は、前述のとおり、文部省内で文部省設置法案が立案されていた時期である。森戸の発言は、当時の文部大臣の体育行政に対する考え方をも含むものとしても注目すべきものである。

　森戸は、「教育は昔から知育、徳育、体育といわれております。体育は重要な教育の部門」であると述べたうえで、敗戦後、学徒の生活状況が悪いという問題認識から厚生保健施策の必要性を、国民が耐乏生活にあるという問題認識からスポーツ及びレクリエーション施策の役割を主張した。また、「一体的な行政」のためには「統一した体育局」が必要との認識を示したうえで、体育局廃止が「やむを得ないとすれば、一体どういう形で学徒の保健厚生並びに学生スポーツと民間スポーツとの間の連絡を確保して行き、従来体育局がした役割を果して行くかということについてのお考え、あるいは御計画はどういうところにあるか」と質問した（衆議院事務局編、1949b, p. 4）。

　これに対して高瀬は、体育行政が重要であるという点に同意しつつも、その組織形態については、「各局が所管いたします体育の部分も、それぞれまたある意味で特殊性を持っております（…）その点で特殊性を生かして、その特殊性に徹底するような体育行政をやるという意味から申しますと、今度の設置法のように分属させる方がよい」との考えを述べた（衆議院事務局編, 1949b, p. 4）。この「特殊性」とは、文部省設置法案の組織編成原理である「対象別」及び「事務二分論」を指すものであると思われる。また、体育局廃止後の連絡については、省内の各部局間の連絡組織や外部との連絡をする新たな組織を作りたいと回答した（衆議院事務局編, 1949b, p. 4）。この連絡組織は、同法案によって設置された保健体育審議会や1949年7月20日に設置された保健衛生連絡協議会であると考えられる。

　つづいて、有田は、高瀬が森戸の質問に対して体育行政はそれぞれ特殊性があるから、これを各局に分属した方がいいと説明したことに対し、次のように述べた（衆議院事務局編, 1949b, p. 5）。

　　私はその特殊性は、体育行政が各局にわかれる特殊性よりも、管理行政がよ

り強く初等中等教育局、大学学術局、その他の各局にわかれる特殊性が強い
と思う。（…）今日わが国民の体位を向上せしめ、運動精神を発揚して、明朗
なる国民をつくつて、真に文化国家を形成するという意味において、体育局
の役割は私は非常に強いと思う。むしろ管理局を廃して、それぞれの管理行
政を原局にくつつけて、体育局を存置せしめる。そうして大いに体位の向上
と運動精神の発揚に邁進されることが適切ではないかと考える。

　ここで有田がいう「特殊性」は、「事務二分論」の否定であるが、対象別
の組織編成については言及せず、内容別である体育局の存続を求めていた。
また、体育行政については「文化国家の形成」という究極目的に対して、
「文化国家」の担い手たる「明朗なる国民」を「国民体位の向上」及び「運
動精神の発揚」の面から育成するものとして、その役割及び体育局の必要性
を主張した。

　これに対して高瀬は、従来の説明のとおり、文部省の性格から管理局を分
けて設置する必要があること、管理局と各局の連絡は十分にとりながらやっ
ていくことを回答した（衆議院事務局編, 1949b, p. 5）。

第3項　衆議院内閣委員会における討論及び採決

　1949年5月16日、衆議院内閣委員会において修正案の提出、討論及び採決
が行われ、有田が体育局に関する内容を含む修正案（表1-1）を提出した。

　有田は、まず、「文化国家建設」のためには文部省の役割は重大であり、
「体育の向上」及び「スポーツ精神の発揮」によって、「明朗なる国民」を育
成していくことはきわめて大切であると改めて主張した。加えて、「あらゆ
る国際競技にも参加せしめまして、国際友好の道義を一日も早く促進せしめ
ることもきわめて肝要と思います」と述べた。敗戦後、他国との国交が回復
していない日本が国際大会に出場し、スポーツを通して国際的な関係を構築
する必要性を説いた。そして、「かような意味におきまして、今回文部省の
機構改革におきまして体育局が廃止されたことはまことに遺憾に存じます」
と述べ、自身の修正案の説明を行った（衆議院事務局編, 1949c, pp. 13-14）。

表1-1　有田委員の修正案

文部省設置法案	有田委員修正案	修正点
第二条（定義）	第二条（定義）	
第二条第一項第六号　「社会教育」とは、公民教育、青少年教育、婦人教育、労働者教育等の社会人に対する教育、生活向上のための科学教育、運動競技、レクリエーション並びに図書館、博物館、公民館等の施設における活動をいう。	第二条第一項第六号　「社会教育」とは、公民教育、青少年教育、婦人教育、労働者教育等の社会人に対する教育、生活向上のための科学教育及び図書館、博物館、公民館等の施設における活動をいう。	「、運動競技及びレクリエーション並びに」を「及び」に改める。
	第二条條第一項第七号　「体力」とは、運動競技、レクリエーション、学校における保健衛生及び学校給食をいう。	追加
第二条第三項　第十条中「社会教育」には、文化（出版及び著作権を除く。）を含むものとする。	第二条第三項　第十条中「社会教育」には、文化（出版及び著作権を除く。）及び体力を含むものとする。	「文化（出版及び著作権を除く。）」の下に「及び体力」を加える。
第六条（内部部局）	第六条（内部部局）	
第六条第二項　管理局に教育施設部を置く。	第六条第二項　社会教育局に体力部を、管理局に教育施設部を置く。	「社会教育局に体力部を、」を追加
第八条（初等中等教育局の事務）	第八条（初等中等教育局の事務）	
第八条第十一号　学校における保健衛生及び学校給食に関し、援助と助言を与えること。	削除	削除、第十一号以下順次番号の繰り上げ
第十条　（社会教育局の事務）	第十条　（社会教育局の事務）	
	第十条第十三号　学校における、保健衛生及び学校給食に関し、援助と助言を與えること。	追加
	第十条第二項　体力部においては、前項各号に掲げる事務で体力に関する事務をつかさどる。	追加
附則	附則	
附則第十条　初等中等教育局においては、当分の間、学校給食に関する左の事務をつかさどる。	附則第十条　社会教育局においては、当分の間、学校給食に関する左の事務をつかさどる。	「初等中等教育局」を「社会教育局」に改める。

出典：議事録をもとに筆者作成

　有田の修正案は、社会教育局に体力部を設置する修正案であった。有田は、体力局を設置したいが、「行政整理の建前」を考慮して、体力部を設置することを提案した。その設置目的は、「体育の向上、スポーツ精神の発揮、明朗なる国民をつちかつて行くこと」であり、有田が「体育局」に求めた役割を「体力部」によって代替させようとするものであった。

　また、表1-1のとおり、「体力」の定義に「運動競技」及び「レクリエーション」に加えて、「学校における保健衛生」及び「学校給食」をその定義に含め、社会教育局体力部の所掌事務とする方針を示した。これは、行政内容別の組織編成であるが、行政対象別によって組織編成されようとしている新文部省の社会教育局に学校関連の「保健衛生」と「給食」を所管させようとすることは、組織編成原理から見ても現実的な修正案とはいえなかった。

　この後、討論が行われたが、有田の修正案や体育局に関する議論はなく、採決において、有田委員の修正案は起立少数のため否決された。

第4項　衆議院本会議における審議

　1949年5月17日、衆議院本会議では、委員会での審議の報告、討論及び採決がおこなわれた。討論では、門司亮議員（社会党）が体育局廃止について次のように述べ、国民の体力が低下しているとの問題意識から体育局廃止を批判した（大蔵省印刷局編, 1949b, p. 702）。

　　現在の日本は国民体位の向上がきわめて重要であり、かつ諸般の事情は国民
　　体位をややともいたしまするならばきわめて低い水準に追い込んで、日本民
　　族の体位の低下を来しつつあることは御承知の通りであります。しかるにも
　　かかわらず、この国民体位に関して最も重要な要素であるべき体育局を廃す
　　るに至つたということは、時代錯誤もまたはなはだしいものであるといわな
　　ければならないのであります。

　この他に体育局に関する議論はなく、採決に移り賛成起立多数によって文部省設置法案は可決された。

第5項　参議院における審議

1949年5月6日、参議院では、参議院内閣・文部委員会連合委員会において左藤義詮政府委員より文部省設置法案の趣旨説明が行われた。その内容は、前述の柏原及び高瀬の説明と同様であった（参議院事務局編, 1949a, p. 1）。

同年5月21日、参議院内閣委員会において文部省設置法案の質疑、討論及び採決が行われた。質疑において河崎ナツ議員（社会党）は、体育局は体育について非常に重要な局だと思うと述べ、体育局がなくなった理由を質問した。これに対して高瀬は、体育を各局に分属させるか、体育局として統一させるかは一長一短であるとして上で、「連絡統一」の点より「対象別」の点を重要視し分属させたこと及び「連絡統一」について連絡協議会や審議会を作り対応していくことを回答した（参議院事務局編, 1949b, p. 3）。

討論において再び河崎は、かつての体育局においてはいい面と共に反省しなければならないような面もあったとしたうえで、健康教育をレクリエーションの立場から推進する必要性を主張した（参議院事務局編, 1949b, p. 5）。

この他、体育局に関する議論はなく、採決に移り、全会一致で可決された。そして、同年5月23日、参議院本会議において、文部省設置法案は賛成多数で可決された（大蔵省印刷局編, 1949c）。

以上のように、国会審議過程において体育局に関する議論は散見された。しかし、それらの議論は法案に影響を与えるものではなかった。文部省は、内部部局の組織編成を「局の二元構成原理」というアイディアに基づき、行政対象別に編成したことを説明したが、これは、立案過程における議論を踏まえれば、CIEの意向を反映したものであったといえよう。また、一部の議員は、体育局廃止に反対したが、組織編成原理の問題に対して、いかに体育の重要性を主張したところですれ違った議論になっていたといえよう。

第4節　　文部省体育局の体育行政論

本節では、体育局廃止の政策形成過程において作成された3点の文書を分

析する。それによって、当該過程において展開された体育局の体育行政論、すなわち、体育局のアイディアを明らかにする。3 点の文書とは、1948 年 3 月作成、東俊郎「日本の体育行政機構について」（東, 1948）、作成年月日及び作成者不詳「体育行政に関する総合的中央機関の必要性について」（作成者不詳, n.d.）及び 1949 年 4 月 14 日作成、東俊郎「行政機構改革に対する意見」（東, 1949）である。

第 1 項　各文書の作成者、作成時期及び作成背景

　文書の内容を分析する前に各文書の作成者、作成時期及び作成背景の特徴について確認する。3 点の文書のうち 2 点は、体育局の最高責任者である東俊郎の署名が入っている。ただし、署名に「文部省体育局長」という役職名が入っていることからすれば、東を含めた体育局の職員によって作成された文書に東が責任者として署名したものと考えることができる。また、「体育行政に関する総合的中央機関の必要性について」は、署名が入っていないが、「日本の体育行政機構について」と類似する点が多数あること及び当時、文部大臣であった森戸が所蔵していたことから考えて、体育局によって作成された文書であると考えることができる。したがって、本研究ではこれらの文書を体育局の見解として扱うこととする。

　つぎに、各文書の作成時期及び作成背景について検討する。第 1 に、「日本の体育行政機構について」は、1948 年 3 月に作成された。当該時期は、前述したように CIE の内部において意見の相違があったにせよ、同年 2 月 19 日、オアが体育局不要論を示しており、体育局廃止の可能性が表面化していた時期であった。したがって、同文書は、そのような背景のもとで体育局が自局の必要性を示すために作成したと考えることができる。

　第 2 に、「体育行政に関する総合的中央機関の必要性について」は、作成年月日の記載はないが、同文書が所蔵されていた「森戸辰男関係文書」の「文部大臣時代」に分類されていた。森戸の文部大臣在任期間は、1947 年 6 月 1 日から 1948 年 10 月 15 日であることから当該期間に作成されたと推定でき

る。また、同文書の内容が「日本の体育行政機構について」の内容に加筆されたものであること及び1948年 3 月から同年10月にかけて体育局廃止がより現実味を帯びてきたとみられることに鑑みれば、同文書は、「日本の体育行政機構について」よりも後の時期に作成されたものと考えるのが妥当であろう。すなわち、同文書は、体育局廃止がより現実味を帯びてきたなかで「日本の体育行政機構について」をさらに補強して、体育局存続を主張するために作成されたものであったと推定される。

　第 3 に、「行政機構改革に対する意見」は、文部省設置法案の国会提出直前の1949年 4 月14日に作成された。この時点では、体育局廃止が既定路線になっており、同文書は、それを前提として作成されたものと考えられ、この点で前述の 2 つの文書とは性質が異なる。

　以下、これらの文書の内容を（1）体育行政の目的及び目標、（2）体育局の必要性及びその所管、（3）事務内容及びその相互関係の 3 点から分析する。

第 2 項　体育の目的及び目標

　「体育の目的」及び「体育の目標」は、「日本の体育行政機構について」及び「体育行政に関する総合的中央機関の必要性について」の両文書において次のように規定された。

　まず、「体育の目的」は、「体育は運動と衛生の実践を通して身心の正しい発達を助長し併せて社会生活に必要な教養と実践力を有する個人の完成をその目的とする」と規定された（東. 1948：作成者不詳. n.d.）。第 1 に、体育を「運動」と「衛生」の 2 面から捉えていることは、後述する事務内容との関係において重要である。すなわち、ここでの体育概念は、運動やスポーツのような身体活動のみによって構成されるものではないことが示されていた。第 2 に、その目的を運動と衛生の実践を通した「個人の完成」と規定していたことが注目される。これは、1948年 3 月31日制定の教育基本法第 1 条「教育の目的」における「人格の完成」[24]を受けてのものと推察され、戦後教育

48　第1章　1949年の文部省体育局廃止

の価値規範が反映されていたことがわかる。第3に、その際、体育が「個人の完成」に対して寄与すべきことは、「身心の正しい発達」だけではなく、「社会生活に必要な教養と実践力」と規定されており、その射程には「社会生活」も含まれていた。

つぎに、この目的をもとに、「体育の目標」として「身体の健康な発達」、「社会的性格の育成」、「健康生活の確立」及び「余暇活用の方法の体得」の4つが掲げられた（東, 1948：作成者不詳, n.d.）。

第3項　体育局の必要性及びその所管

体育局の必要性及びその所管について以下で指摘する内容は、「日本の体育行政機構について」においては記載されておらず、「体育行政に関する総合的中央機関の必要性について」において新たに登場した内容であった。体育局廃止がより現実味を帯びてきたなかで、部局の必要性及びその所属について一層強く主張するために加筆されたものと推察される。

同文書は、体育局の必要性について「体育の目的から考えてその教育内容は極めて複雑広汎であるのみならずその対象は全国民でなければならないからどうしてもその行政の綜合的機関が必要である」と指摘した（作成者不詳, n.d.）。ここでの体育行政の総合的機関の必要性の論拠は、「全国民が対象」及び「教育内容は極めて複雑広汎」という2点であった。その詳細は、次のとおりである。

第1に、「全国民が対象」であることについて、次のとおり、過去の体育を「競技中心主義」、「英雄主義的傾向」及び「興業化の傾向」であったと批判し、全国民を対象に「全国民の生活を健全にして文化生活を営むことのできる人間の育成を目ざす」ことを示した（作成者不詳, n.d.）。

　　過去のわが国の教育においては体育が真に重んぜられなかったためその指導が徹底を欠いてその方向を誤り、あるいは学徒及び一般人の体育は一部選手の活躍を中心とする競技中心主義あるいは英雄主義的傾向に堕し、又興業化の傾向をたどり広く全国民の生活を健全にして文化生活を営むことのできる

人間の育成を目ざす体育たり得なかったのであるが、この弊を打破するための体育行政は一層強力に推し進められなければならずそのために学徒のみならず全国民を対象として系統的綜合的に取扱う必要を痛感する。

　第2に、「教育内容は極めて複雑広汎」という点については、次のとおり、体育が直接生命を対象とする点で他の学科と差異があること及び諸科学に基づく「総合科学教育」の側面と運動の実践による「経験教育」の側面があることを主張した（作成者不詳, n.d.）。

　　体育は直接生命を対象として取扱う科学であつて、学校と社会とを問わず一貫した指導と管理が必要とされる。この意味で体育は他の各学科とは異つた特殊な、複雑な内容を持つて居なければならない。このように考えて来ると体育は一方においては医学[25]（特に生理学、衛生学、病理学、解剖学）、生物学（特に発育学）、心理学、力学、社会学等から発展させられるべき綜合科学教育であると共に、一方運動の実践を通してこれを実際に認識させ、効果ずける経験教育である。

　つぎに、体育局が「局として独立して何省に属すべきか」について見解が示された。そこでは「体育の目的」に示したとおり、体育が教育であること及びその教育効果を改めて確認したうえで、これまでの日本の教育行政においては体育が極めて軽く扱われてきたと次のように批判した（作成者不詳, n.d.）。

　　現在わが国における社会生活の混乱、思想的動揺、道義の低下等は一部は敗戦のもたらす必然的現象と考えられるが、他方根本的にはこれまで画一的教育によつて個々人の自主性の伸長を閉却したわが国教の欠陥によつて招来されたものである。すなわち民主的性格の育成を大きな目標とし、又その効果を持つ体育を軽んじた結果の現れであるといつても必ずしも過言ではない。

　体育が軽視されてきたことの影響をこのように指摘したうえで、次のとおり、体育は、「教育あるいは文化の問題」であるので、「教育文化を主管する省」（文部省）において体育局を所管すべきであると主張した（作成者不詳, n.d.）。

かように考えてくると体育と国民生活との連関は極めて緊密なものであつて、（…）これを要するに体育は国民の健康と教養を高め、生活文化を確立して文化国家の建設に大きな力となるものであるから、広く教育あるいは文化の問題である。したがつてこれを所管する行政的部局は教育文化を主管する省に所属することが当然である。

　以上のように、部局の必要性及びその所属に関する主張では、過去の体育行政に対する批判が展開されるとともに、国民生活や民主的人間の育成などへの体育の貢献が挙げられ、戦後の価値規範のもとで体育行政をさらに拡充して実施していく必要性が強調された。なお、文部省体育局にとって、文部省が体育局の所管省であることは自明のように思われる。しかし、あえてこのような主張をしたのは、文部省設置法案の立案過程において、それが絶対的とはいえない状況にあったためと考えられる。

第 4 項　事務内容及びその相互関係

　体育行政の事務内容については、「日本の体育行政機構について」及び「体育行政に関する総合的中央機関の必要性について」の両文書において同じ内容が挙げられていた。そこでは、体育局において取り扱うべき事務内容は、「保健、衛生に就ての理論教育と実際指導並びに学校衛生法の実施」、「正しい体育運動の確立及びその普及と奨励に関する総合的企画」及び「学徒の生活環境改善に関する施策の実施並びに助成」の 3 つに分類された（東, 1948：作成者不詳, n.d.）。表 1 - 2 は、これらの詳細についてまとめたものである。

　このうち保健衛生及び体育運動に関連する事務内容として掲げられているものは、従来の体育行政の内容と大きな相違はないといえる。一方、この時期の特徴として学徒の生活環境改善が事務内容のひとつの柱になっていることを指摘できる。その背景には、次のとおり、当時の社会状態及び経済状態に対する問題認識があった（東, 1948：作成者不詳, n.d.）。

表1-2　事務内容一覧

保健、衛生に就ての理論教育と実際指導並びに学校衛生法の実施 ・養護教諭、学校看護婦の育成強化 ・学校給食の拡充 ・学校医制度の改善強化 ・学校身体検査実施の指導と活用
正しい体育運動の確立及びその普及と奨励に関する綜合的企画 ・各種体育スポーツ団体の助成強化 ・体育運動施設の整備、拡充及びスポーツ用具の生産拡充 ・レクリエーション運動の助成 ・学徒の競技会参加に就ての基本方針の確立及びその実施奨励 ・社会体育と学徒体育との連絡調和（学校施設の利用、運動資材の配分） ・競技会その他必要なる啓蒙運動（映画、講演、講習等） ・アマチュアリズムの確立
学徒の生活環境改善に関する施策の実施並びに助成 ・学生寮の設置及び運営の綜合的企画 ・学校農園、学校工場設置の奨励 ・学生らしい内職の指導のあっせん

出典：「体育行政に関する綜合的中央機関の必要性について」より筆者作成

　現在の日本の混乱した社会状態及び経済状態においては学徒（高等専門学校、大学）の六〇乃至七〇％は不自然な非健康生活を余儀なくされている。そしてこの現象は更に深刻になりつつある。これは当然教育的立場から何等かの救助策を講じるべきであつてこの現象が学徒の健康並びに品性の低下を来たさしめつつある事実からこれが施策は体育を主管する体育局で取扱うべきである。

　また、両文書の結びには「"mens sana in corpore sano"の古諺を思い起して体育が人間教育の重大役割を持つていることを痛感する」との言葉が記されていた（東, 1948：作成者不詳, n.d.）。「mens sana in corpore sano」とは、古代ローマの諷刺詩人デギムス・ユニウス・ユヴェナリスの諷刺詩の一節であるが、この言葉が日本に移入されたのは明治以降であるとされており、日本語では「健全なる精神は健全なる身体に宿る」と訳されていた[26]。すなわち、身体の健全又は不健全が精神に影響するという心身関係に基づいて、身体は健全であるべきだという主張である。このような心身関係論は、体育局

の事務内容が保健衛生、体育運動及び生活環境の3つに及んでいることの思想的な背景であったと解される。さらに、ここでは「健全なる精神」が戦後教育の価値規範たる「個人の完成」と結びつけられて理解され、体育の重要性が主張されたといえる。

　ところで、「行政機構改革に対する意見」は、体育局の事務内容として列挙された保健衛生、体育運動及び学徒の生活環境に関する3つの事務内容が相互にどのような関係にあるかを明確に示していた。

　同文書は、学徒の生活環境問題の解決に関して、「国民健康教育施策の効果をあげるためには、現下の社会情勢の窮迫から起こされている学徒の生活難並びに思想的動揺をできるだけ防ぐことが根本問題である」と指摘した（東. 1949）。すなわち、学徒の生活環境に関する事務は、「国民健康教育施策」とされる保健衛生及び体育運動に関する事務の根本に据えられていたという関係性が読み取れる。また、保健衛生と体育運動の関係については、「保健と体育が分けられてはならない理由」として以下のように述べ、保健衛生が体育運動の基盤であることを指摘した（東. 1949）。

　　健康増進は先ず個人が各自健康保持についての生活態度を認識し、実践することが先決問題であり、この基盤にたつて体育の振興が企図され、その健康度に応じた運動競技形式が組みたてられるべきである。又健康は活動能率向上と直結しているものであるために、能率の面より考えればレクリエーション的な運動が発展せられるべきである。この意味で保健行政が体育運動行政の基盤をなすべきものとして両者の分散は本質的に不可である。

　同文書の作成時期には、体育局廃止が既定路線となっており、廃止後に体育局の所掌事務をどのように扱うのかが問題となっていた。したがって、同文書は、事務内容の相互関係とその不可分一体性を強調することによって、体育局廃止後の所掌事務の分散を避けようとするものであったとみなすことができる[27]。

　前述のとおり、体育局の所掌事務は、結果的に初等中等教育局、大学学術局及び社会教育局などの関係各局に分散されることとなった[28]。すなわち、

これらの文書によって示された体育局のアイディアが採用されたわけではない。しかし、だからといって、これらのアイディアがなんらの意味をも持たなかったと片づけてしまうのは早計であろう。少なくともこれらの文書の内容は、当時の体育局の行動を単に自局の存続という利益の視点だけで理解することに対して、一定の留保を求める材料となる。また、1958年の体育局設置に至るその後の政策形成過程への影響についても検討すべき事項である。

小　　括

　1949年の文部省体育局廃止の政策形成過程を利益、制度、アイディアの視点から分析すると以下のように指摘できる。

（1）利益の視点

　第1に、CIE は、連合国軍の一部局として日本を非軍事化、民主化することが利益であった。この利益に基づいて、文部省の行政作用を抑制するための行動をとった。

　第2に、文部省は、自組織を維持することが利益であり、なによりも文部省という省を維持することが重要であった。ゆえに、CIE の理解が得られなければ、体育局廃止はやむを得ないものとなった。しかし、文部省体育局は、自局を存続させることが最大の利益であり、文部省としては体育局廃止に政策転換しても、単独で存続を求めた。

　第3に、保健体育・スポーツ関係者は、保健体育やスポーツの振興のために体育局を存続させることが利益であったため、体育局存続を求める要望をした。

（2）制度の視点

　第1に、政府の行政改革の動向は、文部省機構改革の前提として大きな影響を及ぼしていた。政府が各省の内部部局数の削減を決定したことは、文部省の内部部局を編成するアクターの行動を大きく制約した。一方、本研究の主要なアクターは、そのような前提の議論への参加を制約されていた。

　第 2 に、文部省設置法案の立案作業の実務は、文部省大臣官房文書課が担っており、文部省と CIE との折衝は、森田とウェッブによって行われた。すなわち、森田とウェッブの会談は、文部省設置法案の立案に関する実務的な政策決定の場であった。無論、森田は文部省内の意見を集約し、ウェッブは CIE 内の意見を集約していただろう。しかし、保健体育・スポーツ関係アクターは、そのような実務的な政策決定の場への参加を制約されていた。森田とウェッブの会談は、会議録において10回記録されているのに対して、ウェッブと東が 1 回、ウェッブとイディッテが 2 回であることもこのことを裏付ける。つまり、東が文部省の、ニューフェルドが CIE の体育に関する政策決定者であったとしても、それが文部省設置法案に関する政策決定の一部として扱われる限り、彼らは、政策決定の場に参加することができない周辺的なアクターに過ぎなかったのである。保健体育・スポーツ関係者は、さらに周辺的なアクターでしかなかった。

　第 3 に、文部省は、文部省設置法案の立案過程において体育局設置から体育局廃止への方針転換という行動をとった。文部省は、オアの体育局不要論を知ったうえで、一定期間は体育局存続の方針を示した。もちろん、自組織を維持するという利益もあっただろうが、体育局や保健体育・スポーツ関係者の意向に対しても一定の配慮をする必要があったと考えるのが妥当であろう。しかし、文部省は、最終的には CIE の意向に沿って体育局廃止へ方針転換せざるを得なかった。間接統治下という政治状況を踏まえれば、文部省の行動選択は、制約されるほかなかったのである。

　第 4 に、文部省は、厚生局の設置構想という行動もとった。その背景には、体育局廃止に伴って保健体育関係事務が厚生省に移管されるのではないかという懸念があった。文部省と厚生省の間には、社会体育関係事務をめぐる所管争いの歴史があったため、その懸念は、文部省に厚生局構想という行動を選択させた。文部省は、体育局の廃止を受け入れつつも、保健体育関係事務を一局にまとめるためには、厚生局を構想するほか選択肢がなかった。しかし、CIE の反対によって同構想も頓挫した。

第5に、ニューフェルドは、当初、体育局に類する部局を設置する意向であったが、最終的には体育局廃止の立場をとった。ニューフェルドは、CIEの一担当官の立場であり、CIE として体育局廃止で合意があれば、個人としての意向とは関係なく、その立場によって行動を制約され、方針転換せざるを得なかったといえよう。

（3）アイディアの視点

第1に、教育行政改革においては、文部省の権限削減及び指導助言行政への転換が政策課題であった。すなわち、規範的次元において文部省の行政作用を抑制すべきというアイディアが示された。他方、行政改革においては、予算の均衡を図るべきという規範的次元のアイディアに基づいて、認知的次元のアイディアとして行政機構及び事務の簡素化並びに人員整理が政策課題とされた。そして、これらの政策課題を踏まえ、CIE は、内部部局を「局の二元構成原理」に基づき、行政対象別に編成するという認知的次元のアイディアを示した。これによって、体育局は、行政内容別の編成であったため、廃止されるに至った。ただし、これは、体育行政自体を否定するものではなかった。

第2に、体育行政については、あくまで文部省の組織編成論としての意見対立があったにすぎず、その内容をめぐった意見対立が生じたわけではない。他方、体育局は、文部省設置法案の立案過程において体育行政に関する認知的次元のアイディアを提示した。これは、体育局に関する議論に影響を及ぼしたわけではない。しかし、1958年の体育局設置までを射程に入れた場合、このときに展開されたアイディアについて確認しておく必要はある。まず、体育局は、体育の目的を個人の完成と位置づけ、体育が教育であることを強調した。また、体育は、運動と衛生の実践であるから、その事務内容は、保健衛生、体育運動及び学徒の生活環境に及ぶことを述べた。さらに、それらの事務内容は、学徒の生活環境が保健衛生及び体育運動の根本であり、保健衛生が体育運動の基盤であるという関係性にあることを論じた。そして、そのような複雑広範な体育行政を全国民対象に実施するためには、総

合的行政機関としての体育局設置が必要であると主張した。

1　なお、「指揮監督行政から指導助言行政への転換」とは、権力行使を伴い統制的、命
　令的に監督する行政から法律によって基準を設定し、それに基づいて非権力的に指導
　助言する行政への転換という意味である。また、「文部省の機能を内務省から絶縁」と
　は、地方教育行政が内務官僚の統制下におかれていたことを批判し、教育行政の独立
　性の原則を勧奨したものである（中島, 1970, pp. 325-326：鈴木, 1970, pp. 559-560：萩
　原, 1996, pp. 56-118）。
2　教育刷新委員会とは、1946年 8 月 9 日、内閣総理大臣の所轄として設置された機関
　であり、教育に関する重要事項の調査審議を行い、その結果を内閣総理大臣に報告及
　び内閣総理大臣の諮問した教育に関する重要事項について答申した（大蔵省印刷局編,
　1946c）。また、同委員会は教育の独自性を確保するため文部省及び CIE から独立し、
　委員会が自主的に問題を取り上げて審議した（教育刷新審議会編, 1950, p. 1）。
3　なお、中央教育委員会設置構想は、CIE が同構想に消極的な姿勢であったため実現
　しなかった（鈴木, 1970, p. 573）。
4　行政調査部とは、第 1 次吉田茂内閣が行政機構及び公務員制度並びに行政運営の改
　革に関する調査、研究及び立案にあたらせるために設置した機関である（大蔵省印刷
　局編, 1946a）。
5　臨時行政機構改革審議会とは、行政機構の改革に関する重要事項を調査審議するた
　めの機関であり、行政調査部がその庶務を担当した（大蔵省印刷局編, 1948）。
6　この引用文では教育刷新委員会報告が1948年 2 月 7 日となっているが、前述した
　1948年 2 月 6 日の第55回総会における決議が、翌 2 月 7 日に報告されたためである。
7　文部省行政監察委員会とは、1947年 9 月 1 日、中央行政監察委員会とともに設置さ
　れた各庁行政監察委員会の 1 つであった（大蔵省印刷局編, 1947）。行政監察委員会
　は、政府職員の服務の状況、その他の事務運営状況の監察を行うために設置された
　が、文部省行政監察委員会は以下の委員構成から考えて、文部省としての性格が強い
　委員会であった。文部省行政監察委員会は、委員 7 名中学識経験者が矢野貫城（基督
　教教育同盟会総主事）、円城寺次郎（日本経済新聞社編集局長）及び沢田ひさ（日本社
　会党中央委員）の 3 名であったのに対して、文部省側が永江一夫（文部省行政監察委
　員会委員長、文部政務次官）、辻田力（文部省調査局長）、関口隆克（文部大臣官房秘
　書課長）及び浅野清重（文部省職員組合副委員長）の 4 名であった（1947年 9 月20日
　時点）。また、委員会の事務室長は、岡田孝平（文部省大臣官房文書課長）が務めてい
　た（文部省行政監察委員会, 1947）。
8　同文書の日付については、Loomis（1948）より特定した。
9　同文書の作成者及び作成月については、同文書が英訳された Azuma（1948）より特
　定した。

10　東のほかに文部省体育局職員が出席していたが、会議録において発言が確認できな
い限り省略する。以降の会議録についても同じ。

11　ウェッブが文部省設置法案の担当官になったのは、会議録より1948年6月頃と推定
される（Webb, 1948a）。森田は、1948年7月21日、文部省大臣官房文書課長に就任し
た（文部省大臣官房秘書課, 1948）。なお、それぞれの前任者は、アーサー・K・ルーミ
ス（Arthur, K, Loomis）と岡田孝平であるが、前任者の会談では、文部省体育局の存
廃に関する議論はなかった。

12　1948年6月30日の臨時行政機構改革審議会の最終報告書では、文部省について「現
在（7局－筆者注）以上に部局の数を増加するが如きことのないようにすること」と
指摘されていた（臨時行政機構改革審議会, 1948）。

13　民政局（Government Section）は、GHQ/SCAP の一部局であり、憲法の起草、公職
追放、選挙制度の改革及び政府機関の改革等を担当した。

14　原文は、「Chairman of Committee on the Promotion of Physical Culture」である。
訳語は、内海（1990, p. 63）に倣った。ただし、この委員会がいかなるものであったか
は現時点では不明である。

15　ニューフェルドの会議録には「Mr. Matsumoto, Vice Minister of Foreign Affairs」
と記されていた。当時の外務省事務次官や外務省政務次官に松本なる人物は確認でき
ないが、片山哲内閣（1947年5月24日～1948年3月10日）において外務政務次官を務
めた松本滝蔵を指していると考えられる。

16　書簡は、会議録には附属されていなかった。

17　報告書は、会議録には附属されていなかった。

18　人名が特定できなかった場合、カタカナ表記とした。以降も同じ。

19　要望書は、会議録には附属されていなかった。

20　同法案の日付については、Anonymous（1948）から特定した。

21　ルーミスは、オア教育課長の後任者である。オアが教育課長を退任したのは、1949
年2月とされているため、ルーミスの着任時期は、1949年2月と推定される（オア,
1993）。

22　公衆衛生福祉局（Public Health and Welfare Section）とは、GHQ/SCAP の一部局
であり、防疫、保健、福祉及び衛生行政等を担当した。なお、この要望が実現したか
は、史料から確認できなかった。

23　このほかに、東京都学校衛生会の杉田武義、日本学校衛生会の磯仙策、東京都学校
衛生会のフクダ及び日本学校衛生会養護部の千葉タツが出席していた。

24　旧教育基本法第1条（教育の目的）では、「教育は、人格の完成をめざし、平和的な
国家及び社会の形成者として、真理と正義を愛し、個人の価値をたつとび、勤労と責
任を重んじ、自主的精神に充ちた心身ともに健康な国民の育成を期して行われなけれ
ばならない。」と規定されていた。

25　「医学」の「医」が判読不能であったが、括弧内の記述からそのように推定した。

26　のちに、この言葉の訳語や出典の問題性が指摘されるが、同文書においては「健全
なる精神は健全なる身体に宿る」との意で使用されていたと考えられる。なぜなら
ば、水野忠文が訳語や出典の問題を指摘したのは1961年であること、また、この語は
正確には「Orandum est ut sit mens sana in corpore sano」であり、同文書において
「Orandum est ut sit」が抜けているからである（水野ほか, 1961, pp. 99-102）。

27　なお、「行政機構改革に対する意見」においては、それ以前の文書と同様に教育にお
ける保健体育の重要性が指摘され、体育局の 1 局としての必要性が改めて述べられて
いた。一方、本文において指摘したように、体育局廃止を前提としていると考えられ
るような内容も含んでおり、行政機構改革に対する現実的な対応も視座に入れた文書
であった。

28　ただし、文部省内には残っており、省庁をまたがっての分散は回避することができ
た。

第 2 章　1955年の厚生省スポーツ局構想の頓挫

第 1 節　行政改革の動向

　戦後、戦時期に膨大となった機構及び人員の整理の必要性が生じ、行政整理が図られた。そのなかで大規模な行政改革となったのが、1949年 6 月の改革であった。これは、上述のとおり、体育局廃止の 1 つの要因となった。

　その後も、吉田内閣は行政改革を継続し、1950年10月10日、「行政機構の簡素化に関する件」を閣議決定し、中央及び地方の行政機構の簡素化の方針を示した。同閣議決定に基づいて、行政機構改革案の議論は行われたが、講和条約調印の見込みが出てきたため、議論は行政管理庁の内部に留まった（行政管理庁史編集委員会編, 1984, p. 113）。1951年 5 月 3 日、連合国軍最高司令官マシュー・バンカー・リッジウェイ（Matthew Bunker Ridgway）の声明が発せられ、日本政府に間接統治下の諸政令を再検討、修正することが認められると、内閣総理大臣の私的機関として「政令諮問委員会」が設置された。同年 8 月14日、同委員会は、「行政制度の改革に関する答申」を提出し、行政事務の簡素縮小化によって、それを取り扱う中央及び地方の行政組織を大幅に縮減することを提起した（行政管理庁史編集委員会編, 1984, pp. 116-117）。同月28日、吉田内閣は、同答申をもとに「行政の改革に関する件」を閣議決定し、「行政事務の整理」、「官庁職員の縮減」、「行政機構の簡素化」の方針を示した。

　行政事務の整理及び官庁職員の縮減については、同年12月 6 日、「行政機関職員定員法の一部を改正する法律」の制定に至り、人員整理が進んだ。一方、行政機関職員定員法の改正が国会審議を通過すると、行政機構の簡素化

について本格的に議論されることとなった。

　1952年 4 月 5 日、吉田内閣は、「行政機構改革に関する件」を閣議決定し、「戦争中及び戦後を通じて複雑厖大化した現行機構を整理合理化し、講和発効後の新事態に即応せしめることとする」という方針を示した。この閣議決定を受けて、各省設置法等の改正法案が同年 4 月から 5 月にかけて国会に提出され、審議を経て、同年 7 月31日、衆参両院で関係法案の成立に至った。審議過程で政府原案より縮減幅は後退したが、結果として府省の数は約15％、外局（行政委員会及び庁）は約42％、局及び部は約26％の縮減がなされた（行政管理庁史編集委員会編, 1984, p. 130）。

　その後も、吉田内閣は、1953年 2 月24日、「行政制度の改革に関する件」を閣議決定し、これまで同様に行政事務の整理、人員の縮減、行政機構の簡素化を継続する方針を示した。

　他方、例外的な動きもあった。1952年以降、日本の主権回復を契機として、科学技術議員連盟を中心に科学技術振興のための行政機構設置の動きが活発化した。種々の理由により実現には時間を要したが、1956年 3 月26日、科学技術庁設置法の成立に至った[1]（行政管理庁史編集委員会編, 1984, pp. 147-152）。

　以上のように、この時期の行政改革の基本は、行政事務の整理、人員の縮減、行政機構の簡素化であった。これを制度の視点から捉えなおすと、行政改革の基本方針が行政組織の新設を望むアクターの行動を制約していたといえる。ただし、科学技術庁の設置のように、政治や世論の状況によっては、例外的に新たな行政組織が設置されることもあった[2]。

第 2 節　1949年以降の体育・スポーツ行政組織に関する要望等

　1949年の体育局廃止の際、保健体育・スポーツ関係者は、体育局廃止に反対しており、廃止の直前直後から体育行政組織の拡充、体育局の再設置を求

める要望が多数出された。これらの要望は、1955年の厚生省スポーツ局構想の前史として位置するものである。本節では、主要なアクターを（1）文部省、（2）保健体育審議会、（3）国会議員、（4）スポーツ振興会議、（5）日本体育協会、（6）その他のアクターに分類して、1955年5月31日、川崎大臣の発言までの動向や議論の内容を検討する。なお、本研究においては厚生省も主要なアクターとなるが、管見の限り、この時期に表立った動きは確認できていない。

第1項　文部省の動向

　1949年の文部省設置法の成立を受けて体育局が廃止されると、同局の所掌事務は、関係各局に分散された。他方、前述のように、文部省設置法成立後も行政改革は継続していた。1950年4月21日、行政制度審議会は、「行政機構の全面的改革に関する答申」を発表した。同答申では、文部省と厚生省を合併して「文化省」とし、その内部部局を学校教育局、社会教育局及び調査局の3局とする行政組織の更なる縮減という方針が示された（行政制度審議会, 1950）。これに対して、文部省は、厚生省との合併に反対するとともに、同年6月、「文教省（仮称）組織試案」において大臣官房のほか6局7部の組織編成を示し、むしろ行政規模拡大の方針を示した（文部省, 1950b）。そのうちの1局が「運動厚生局」であり、同局に総務課、体育課、運動厚生課、保健課を置く、従前の体育局に類する局の設置が提起された。

　このように、文部省は、「組織の存続」（青木, 2004, p. 21）や「組織権力を増大する」（加藤, 1997, p. 31）という利益に基づいて、文部省の組織拡大及び体育局に類する組織の設置方針を示した。結局のところ、文部省と厚生省の合併案は実現せず、上述のように講和条約調印の見込みが出てきたため、議論は行政の内部に留まったが、文部省にも間接統治下で改革された自らの組織を改組したいという意思があった。

　その後、1952年4月28日、講和条約が発効されると、同年内に文部省設置法は2度改正された。ここで重要なのは、第2次改正（同年7月31日）であ

り、この改正によって、局の構成原理に変化があった（中島, 1970, p. 365）。文
部省設置法制定時、内部部局の編成は「『非権力的』事務と『権力』的事務
との事務二分論にもとづく、局の二元構成原理」（荻原, 1996, p. 103）が採用さ
れ、行政対象別の組織編成となった。そのため、行政内容別の編成である体
育局が廃止されることになったが、この改正によって組織編成原理による制
約が外れることになった。ただし、行政簡素化の時期であり、部局数の制約
があったので、直ちに体育局の再設置に繋がるわけではなかった。なお、同
改正に関連して社会教育局運動厚生課は、同局体育課に名称変更したが、そ
の後は、1958年の体育局設置まで体育行政関係の部局に変化はなかった（文
部省, 1972, pp. 378-379）。

第2項　保健体育審議会の動向

　1949年の文部省設置法の成立に伴って体育局が廃止される一方で、保健体
育審議会が設置された。保健体育審議会は、文部大臣の諮問に応じ、学校に
おける保健、衛生、給食及び体育並びに社会における運動競技及びレクリ
エーションに関して調査審議又は必要に応じて文部大臣に建議する機関で
あった（大蔵省印刷局編, 1949a）。

　1951年3月24日、保健体育審議会は、「保健・体育・レクリエーションに
関する総合的行政機構の整備および保健体育審議会の運営について」を建議
した（朝日新聞, 1951：保健体育審議会, 1951）。同建議は、同日の答申「保健体育
ならびにレクリエーションの方策について」と同時に提出されたものであっ
た。答申が大臣の諮問に応じて審議し、回答するのに対して、建議は審議会
が必要に応じて大臣に提出するものであり、性質が異なる。同建議は、保健
体育審議会が、同答申の審議にあたり、「その重要性を痛感」し建議された。

　そのうえで、「保健・体育・レクリエーションに関する総合的行政機構の
整備」について、体育局廃止後の行政運営上の問題を4点指摘した。その要
旨を簡略にまとめれば、①学校保健・学校給食・学校体育・社会体育等が各
局課係に分散所管されたことによる連絡の問題や方針の不統一、矛盾があ

る、②保健・体育等に関する行政事務担当者の不足や分散所属という非能率によって行政事務の運営が十分に遂行されていない、③上記の結果として、文部省における保健・体育等に関する行政的指導力が全国的に著しく弱化され、教育的な考慮、教育的な立場からの指導助言等が尊重されない傾向が生じている、④文部省体育局を廃止したことによって、地方教育行政機関や学校当局者等に対し、あたかも文部省が保健・体育等の重要性を否定したような印象を与えている、であった。

　さらに、同建議においては、以下のように述べ、行政組織の整備について要望した。

> そもそも保健と体育とは常に緊密なる連絡を保ち、一貫した方針の下に運営されなければなりません。小学校、中学校、高等学校、大学等における体育は、それぞれ学校の性質、学生生徒の年令等に応じて、各々差異を持ちながらも、その根本においては常に密接に相関連し、一貫した指導方針を持つものでなければなりません。また、それは社会体育との関連においても常によく考慮されなければなりません。さらに保健・体育そのもの全体が、常に教育的な見地から十分に考慮され、常に正しく教育的であらねばならぬことは言うまでもありません。

　ここでは、保健と体育の緊密なる連絡、学齢の差異に応じながらも相関連し、一貫性を持つこと、社会体育との関連、そして、それらが教育的な見地から考慮されることが重要視されていたといえる。

　その後、保健体育審議会が体育行政組織に言及したのは、1953 年 6 月 24 日、答申「独立後におけるわが国保健体育レクリエーション並びに学校給食の振興方策如何」においてであった。同答申では、上記の建議を踏襲し、「保健体育の総合行政機構を整備充実」することを要望した（保健体育審議会, 1953）。

　以上のように、保健体育審議会は、従前の体育局に類する組織の設置を求めて建議、答申を出した。「日本の審議会の多くは所管部局がこれから進めようとする政策を権威づける、行政の『隠れ蓑』としての性格をもち、所管

部局が望む結論を出すことが期待されている」（西岡, 2021, p. 351）との指摘を踏まえれば、保健体育審議会は、体育行政組織に関するアイディアを提示し、その所管部局たる文部省の方針を権威づけようとしたといえよう。そのアイディアは、体育局廃止後、関係事務や担当者が分散したこと、全国的に教育的立場からの指導助言が尊重されていないことを認識し、その解決策として体育局に類する組織の設置を提起するものであった。

第3項　国会議員の動向

　体育局廃止後、この時期の国会における体育行政組織に関する議論は低調であった。体育・スポーツ行政に関する議論は散見されたが、行政組織それ自体を問題に議論したのは、次の2つと言ってよい。

　第1に、1951年2月20日、衆議院予算委員会第二分科会において、甲木保議員（民主自由党）は、「私は今日の学生の思想や、いろいろの面から見ると、体育局というものはどうしても必要じゃないかと考えるのです」と体育局の必要性を提起した。それに対して、文部省事務官の剱木亨弘は、「この問題は非常に重要な問題として、（…）十分慎重に研究をして参りたいと考えておる次第でございます」と検討したい旨のみ返答した（衆議院事務局編, 1951, pp. 13-14）。

　第2に、1952年6月19日、参議院内閣委員会において、矢嶋三義議員（無所属）が、各局課に分散したスポーツ関係の事務について「これらの統合した扱いというものはどういうふうにお考えになっていらっしゃる」のかと質問した。これに対して、文部省事務官の相良惟一は、社会教育局で「調整をとろう」という考えであることを返答した（参議院事務局編, 1952, pp. 4-5）。

　以上のように、国会審議においては、体育局が廃止され、関係事務が分散されたことは一部において問題として認識されつつも改組等の議論が活発になされるという段階にはなかった。国会議員の最大の利益は再選であるが（木寺, 2012, p. 17）、当時、体育行政組織に関する議論は、有権者の関心事とはいえないことから国会における議論が低調であったと推察される。

　他方、1953年 2 月12日、スポーツ議員連盟は、春季総会において文部省体育局の復活を求める建議案を政府に提出することを決定した（毎日新聞，1953）。国会審議ではないところで体育・スポーツに関心を有する国会議員の活動を確認できる。これは、次に述べるスポーツ振興会議の活動として表れた。

第 4 項　スポーツ振興会議の動向

　1949年 5 月26日、スポーツ振興会議が首相官邸にて創立総会を行い、発足した（読売新聞，1949）。同会議は、体育局廃止を契機に組織されたものであり（野口，1950，p. 70）、その規約第 2 条において「この会議は我が国体育振興の推進母体として、与論を起し、之を政治の施策に反映させ、スポーツ界の民主的発展とスポーツ文化、スポーツ精神の高揚普及を図ること」を目的としていた（川崎，1949，p. 13）。また、同会議は、国会スポーツ議員連盟38名、日本体育協会42名、各都道府県議会45名、道府県体育協会45名、道府県スポーツ、体育、保健、衛生担当者45名、学識経験者105名等、総計491名から構成され、議長は星島二郎（民主自由党）、副議長は東龍太郎（日本体育協会）であった（野口，1950，p. 71）。

　同会議は、同年10月29〜30日、総会を開催し、 4 つの分科会を設置することを決め、第二分科会において「体育行政機構の拡充強化」が研究協議のテーマの 1 つとして掲げられた（野口，1950，p. 71：日本体育協会，1949）。1950年10月26日、同会議の総会において「行政機構の整備拡充に関する件」として「文部省内に部局復活要求をなす」ことを決議した（第五回國民体育大會愛知県実行委員会事務局，1950，p. 115）。

　1951年10月26日、同会議の総会では、第 8 号議案として「中央、地方庁を通ずる体育行政機構確立の件」が提案された。スポーツ議員連盟の今村忠助議員（自由党）より以下のように、提案理由が説明された（第六回國民体育大會廣島縣準備委員會事務局，1951，pp. 141-142）。

　　国民の健康管理は極めて重要であるので望ましいことは国民健康本部（仮称）
　の如きを作って、文部、厚生、労働省の如く各省にまたがる方式を一本化す
　る方途を取るか、又は各省間に有力な協議会を作る方法もある。又本件につ
　いて現在文部省の内が部数局に跨って管理されることは体育行政が退歩する
　以外の何物でもないので至急体育局の如き専門の部局を設置することを要望
　し、地方に於いては都道府県又は教育委員会に部課を設けられるよう望む。

　ここでは、国民の健康管理が重要課題として挙げられ、それを担う行政組
織として省庁横断的組織の「国民健康本部」を設置するか、文部省に体育局
を設置することを要望していた。

　1952年10月18日、同会議の総会では、「地方体育行政機構の拡充強化に関
する件」が審議された。そこでは、「文部省の体育局が廃止された結果、保
健体育レクリエーション等、異る局、課、係に分割所管されているので、一
貫性を欠き、不便である。又担当者も分散されているので重要事項が放任さ
れ、従って行政的指導力が弱化される等の欠陥を生じている」と問題が指摘
された。そのうえで、総合的な行政機構として文部省に「保健体育局」を設
置し、そこに「総務課、学校体育課、社会体育課、学校保健課、学校給食
課」の5課を設置することが具体的に提案された（第7回国民体育大会三県組織
委員会・第7回国民体育大会栃木県準備委員会, 1952, p. 184）。

　1953年10月21日、同会議の総会において「体育行政の強化拡充に関する
件」が決議された。そこでは、これまで同様に行政事務分散の問題が指摘さ
れ、スポーツ、保健、体育を担当する中央部局の実現を目指すことが確認さ
れた（愛媛・香川・徳島・高知國民体育大會実行委員會, 1953, p. 187）。

　以上のように、スポーツ振興会議は、国会議員、地方議員、体育・スポー
ツ団体関係者、体育・スポーツ行政担当者、学識経験者等から構成される組
織であり、その利益は多元的であったと考えられる。ただし、体育局廃止
後、関係事務や担当者が分散したことによる体育行政の指導力の低下につい
ては共通の問題として認識されており、1950～1953年の総会において、毎
年、体育行政組織の拡充を要望していた。すなわち、体育行政組織の設置が

それぞれの利益にかなうという点では一致していた。具体的なアイディアとしては、1951年の総会で省庁横断的組織も提案され、国民の健康管理に介入するアイディアが示されたが、それ以外においては、基本的に文部省に体育局に類する組織を設置して、行政的指導を実施するというアイディアであった。

　なお、同会議は、1953年の総会後、スポーツマン綱領と解説の研究のみを継続し、その他の活動を終了し、1955年2月2日、スポーツマン綱領を提起して、全ての活動を終了した（内海, 1993, p. 151-152）。

第5項　日本体育協会の動向

　1951年4月12日、日本体育協会理事会では、「文部省機構改革案に伴う体育行政組織の件」に関して、西田文部省事務官から説明がなされた。これは、上述した行政制度審議会による文部省と厚生省の合併案に係るものであるが、理事会は、本件についてスポーツ振興会議に善処を要望するとして同会議に対応を委ねることにした（日本体育協会, 1951a）。

　他方、その2か月後の1951年6月21日、日本体育協会理事会は、文部大臣に「文部省体育局設置方建議」を提出した。同建議は、体育行政の組織が各局に分散していることを問題として総合機関を設けることを提起したものであり、その理由は、次の5点であった。すなわち、①青少年の思想善導と健康増進、②スポーツ文化の向上方針の確立、③国土回復計画のスポーツ施設的方針の確立、④国際スポーツの復活とその事務的統一、⑤学校体育と社会体育の密接な連繋であった（日本体育協会, 1951b, 1951c）。

　以上のように、この時期の日本体育協会は、文部省と連携しながら文部省体育局の設置について要望をしていた。日本体育協会は、「体育運動を振興して国民体力の向上とスポーツ精神を養うことを目的」としており（日本体育協会, 1963, p. 510）、体育局設置は、同会の利益にかなうものであったと理解できる。

第 6 項　その他のアクターの動向

　以上のほかに、1955年 2 月 3 日、全国高校体育連盟理事会は、体育局ならびに高校体育課の新設を文部大臣に要請することを決議した（毎日新聞，1955a）。同年 5 月20日、全国の体育関係代表者が一堂に会した全日本体育会議では、「保健体育行政機構拡充強化に関する件」が決議された。そこでは、保健体育の施策の重要性を指摘したうえで、「施策の貧困の根本的原因は保健体育行政機構が不整備のま〻放置され、施策に一貫性と綜合性を欠いた実にあるといって過言ではない。例えば、文部省における保健体育、レクリエーションに関する事務機構についてみても数局課に分散され、綜合的施策の遂行上、遺憾な点が少なくない」と問題を指摘し、「保健体育行政機構の統合拡充」を要望した（全日本体育会議大阪府実行委員会事務局，1955, p. 14）。

第 3 節　厚生省スポーツ局構想をめぐって

第 1 項　川崎大臣の発言をめぐる国会審議

　1955年 5 月31日、衆議院内閣委員会おいて、田原春次議員（右派社会党）は、日本のスポーツ行政が各省に分散していることを指摘するとともに「この際、プロ並びにアマチュアのスポーツ行政を一元化して、厚生省に一局を設ける」ことを提案し、川崎秀二厚生大臣の見解について質問した。これに対して川崎は、「厚生省が、ひとり消極的なる保健対策だけでなしに、積極的なる国民の体力改造、保健施策という面から、将来スポーツ行政も厚生省として取り上げてはどうかということのお考えには、基本的に賛成であります」と賛同した。その理由として、戦後、日本においてスポーツ行政が分散していること、国によってはスポーツ行政を一元的に行っていること、学校卒業後の「いわゆる社会大衆層を相手にスポーツ行政をして行く省があってよい」こと、「その際は、保健衛生との密接な関連から（…）やはり厚生省が適当であるやに思って」いることを述べた。一方、行政改革の動向について以下のように述べた（衆議院事務局編，1955a, pp. 1-2）。

　ただこの際お断わりをしなければならないことは、世論も、また内閣の方針
も、行政機構はなるべく縮小したい、改革をし行政整理をしたいというのが
この内閣の方針であり、世論もこれを支持しておるようであります。ただ、
こういう必要なる部局の改廃につきましては、例外的な措置も設けられると
思うのでありますが、これらは今後スポーツ界を初め世論が醸成されて来た
際におきまして十分に考慮をいたしたい

　以上のように、川崎は、国民の体力改造及び保健施策の実施のために行政
の積極的な介入を是とする立場であり、それを実現するために、スポーツ行
政の一元化が望ましく、かつ、青年期・壮年期の保健衛生との関係から厚生
省が主管することが望ましいというアイディアであった。一方、行政改革の
動向による制約も認識しており、部局設置のためにはスポーツ界や世論の後
押しが必要であることを答弁した。なお、川崎は、答弁後、「帰庁すると、
すぐ事務当局に作業案の作成を命じた」と報じられており（毎日新聞,
1955f）、官僚が準備した答弁というよりは、大臣の信念に基づく答弁と推察
できる。

　この発言は、同日の朝日新聞の夕刊においても取り上げられ、関係者に知
られるところとなった（朝日新聞, 1955a）。同年6月3日付けの読売新聞で
は、「早くも文部省側の反対が表面化して来た」ので、同月2日、川崎と松
村謙三文部大臣が会談し、松村が「『学校体育はスポーツの一部に過ぎぬか
ら…』と譲歩ともとれる微妙な発言」をしたことが報じられた（読売新聞,
1955a）。川崎の発言が厚生省と文部省の間における利益対立として懸案事項
となった。

　また、国会においても川崎の発言に端を発して議論がなされた。同月3
日、衆議院文教委員会では、並木芳雄議員（日本民主党）が、川崎の発言に関
してスポーツ局の設置に賛同を示しつつも、「ただそれを厚生省の中へ設け
ることが妥当かどうか」と疑念を示し、文部大臣の考えについて質問した。
これに対して、松村は、川崎の発言は事前に聞いておらず、当該発言は「川
崎君の思いつきで申したことで、まだ政府の方針がきまったわけじゃなかろ

う」と評した。また、「スポーツを管理するような局は、私は不必要である
と考えている」としてスポーツ局の設置自体に否定的な見解を述べた。対し
て、並木は、「私はどうしてもスポーツ局は文部省の方が適当じゃないかと
思いますから、その点だけは答弁をお願いしたい」と更なる答弁を求めた。
松村は、「もしも将来作ることがありましたならば、これは文部省の方がし
かるべきだと考えておりますけれども、今はまだそういう縄張り争いをする
までに具体化してない」と述べ、このやり取りは終了した（衆議院事務局編,
1955b, p. 16）。

　同月 8 日、衆議院内閣委員会では、川崎の発言を引き出した田原が松村に
対する質問に立った。田原は、「青少年のスポーツ奨励による心身の訓練、
公衆道徳並びに青少年時代の体育の発達」という観点から体育局の必要性を
主張するとともに、以下のように述べ、体育局が設置されていない理由を質
問した。

　　この間も厚生大臣がここに見えましたときに、スポーツ行政について聞きま
　　したら、私の方でやりますと言われたが、二、三日して新聞を見ましたら、
　　文部省から横やりが入って、文部省はおれの方でやると言って管轄争いを
　　やっているじゃないか。むしろ統一してレクリエーションの面からも、体育
　　の面からも、どの面から見ても必要なのですからやらせたいのですが、文部
　　省が特に体育局を設けなかった理由はどこにあるか、こういう点を聞かして
　　いただきたい。

　松村は、「局がないといって、文部省が体育に不熱心であるというような
意味では」ないとしたうえで、「個人の意見」として以下のように述べ、ス
ポーツ活動の自由に価値を置き、行政の介入に対して非常に慎重な立場を
とった（衆議院事務局編, 1955c, p. 8）。

　　私はスポーツはほんとうに朗らかな気分で、これらの人たちが自由にやると
　　ころにその価値がある（…）今局を設けてこれを健全な意味において奨励す
　　るということは、私どもは決して異存はない。けれどもその局を作って、だ

んだんスポーツを政府の手で統制していくというような考え方は、私はよくないと思う。やはり自由にしておいた方がよろしい。

このように、川崎によるスポーツ局構想発言に端を発して、国会において議論がなされてきた。川崎が厚生省にスポーツ局を設置することに前向きな一方で、松村は、部局の必要性を認め、もし設置するならば文部省にと述べつつも、スポーツに対する行政の介入に非常に慎重な立場のアイディアであった。この背景には、スポーツ活動の自由を尊重するという松村の価値観があった。

ただし、この一連の流れは、厚生省と文部省の所管争いとして認識された。同年6月7日付の毎日新聞の社説では、「戦前も行われたことがあるスポーツをめぐる文部、厚生両省の所管争いがまた始ったという感じである」と報じられた。さらに、同社説は、「スポーツに関する部局が設けられていいわけである。しかしその仕事の方向は、スポーツの振興であって、国家がそれを管理することであってはならない」や「一般人のスポーツに関する仕事を受持つ部局は将来必要ではあろうが、そのために厚相などが考えているように『スポーツ行政を一元化する』といった大がかりな構想が必要かどうかは研究の余地があるし、同時にそれは行政機構簡素化の方向ともあわせて考えなければなるまい」と述べた。これらは、部局の必要性や国家による管理に対して懸念を表明しており、川崎大臣のアイディアが否定的に認識されていた（毎日新聞, 1955b）。

第2項　日本体育協会による「スポーツ振興に関する意見書」の提出

1955年6月8日、日本体育協会理事会では、「体育・スポーツ行政機構の件」として、田原と川崎の議論が取り上げられ、意見が交わされた。そこでは、慎重を期する必要性が確認され、「文部大臣、厚生大臣に会い、その意向をよく聞いた上で理事会で取上げる」ことになり、今後の成行きを静観することになった（日本体育協会, 1955a；毎日新聞, 1955c）。

　その後、同月24日、同会の東俊郎専務理事、田畑政治専務理事、久富達夫理事、浅野均一理事が松村と会談した。久富は、「スポーツに関する政府の機構が多岐にわたりすぎている」ことを指摘、田畑は、「文部省内のスポーツ関係の部署を集めて大臣直属の官房体育課」を設置することを提案し、松村は、「官房体育課の事は考えてみる」と返答した。さらに、田畑は、「政府の補助金は千五百万円、国体は五百万円しか出してくれぬ。その一面国際学生スポーツ週間に出場する体協とは縁のない十四、五人の学生に三百万円の補助金がでるそうだが、日本のスポーツ行政機構の矛盾を象徴するものだ」と不満を述べた。ここで不満の対象となっている国際学生スポーツ週間への参加を推進しているのは、スポーツ議員連盟の中心である川崎、河野一郎農林大臣であり、同会には、両大臣に対する「微妙な不信の念」があると報じられた（読売新聞, 1955b）。

　他方、同年7月8日、同会の東龍太郎会長、東（俊）、田畑、浅野、久富が川崎と会談した（日本体育協会, 1955b, p. 472）。川崎よりスポーツ局設置構想の経緯と国会及び厚生省の意向を聞くとともに、「体協としては政府の窓口としてスポーツ局が出来ても一元化されたことにはならないので、内閣に審議会を設けスポーツの方策の統一化を強力に進められたい旨」を申入れた（日本体育協会, 1955c）。

　同月13日、同会の東（龍）、東（俊）、田畑、浅野、久富らは、川崎、桜内義雄議員（日本民主党）、柳田秀一議員（左派社会党）と会談した（日本体育協会, 1955b, p. 472）。会談では、「柳田（左社）代議士より体協からもスポーツ振興に関連して行政一元化について各党に意見書を出して貰えば国会内外両々相まってスポーツ振興に対する関心が一段と昂まる」との説明があった（日本体育協会, 1955c）。

　このような経緯を踏まえて、同月19日、同会理事会では、「スポーツ及び体育行政の一元化についての意見書の件」として、久富より上記の3会談について報告がなされるとともに審議がなされた。その結果、意見書の名称を変更し、田畑がその案を整理することとなった（日本体育協会, 1955c）。

　そして、同月23日、同会は、「スポーツ振興に関する意見書」を衆参両院の主要な党、会派に提出した（日本体育協会, 1955d, pp. 485-486）。意見書の要点は、「スポーツ振興費の大幅の増額並に強力な行政機構の確立」を要請することであるが、「官僚独善的統制」にならないよう、「内閣に閣僚を長とし、民間有識者を中心とする強力な機関を設置し、スポーツ振興に関する基本方針を確立する」こと、「たとえばスポーツ局を厚生省に設置」するが、上記の内閣内の機関の方針を遵守すること、各省の体育・スポーツの施策内容を明確にし、「行政方針の完全な一元化を図る」ことを意見した（日本体育協会, 1955e）。

　以上のように、同会は、体育・スポーツ行政組織の設置を求めつつも、厚生省及び文部省双方の動向を慎重に窺っていた。同会の利益は、体育・スポーツ行政組織の設置及びスポーツ振興費の増額であるため、行政組織の所管が厚生省又は文部省のいずれになるかは二次的な問題であったと考えられる。また、同会は、自らに対する官僚統制を避けるため、民間有識者中心のスポーツに関する意思決定機関を内閣に設置するという厚生省スポーツ局案とも文部省体育局案とも異なるアイディアを示した。

第3項　厚生省スポーツ局本決まりの報道

　1955年7月18日、毎日新聞において衆議院内閣委員会で「今週中に決議の運び衆院内閣委スポーツ局の設置案」と報じられたが、文部省と厚生省の調整がついたわけではなかった。同記事では、川崎は、「文部省と主管争いをするのはいやだから是が非でも厚生省に置かなければならないと主張する気持ちはない」、文部省の寺中作雄社会教育局長は、「文部省でも研究している。しかしプロスポーツを政府の行政管轄でしばることは賛成できない」と述べたことが報じられた（毎日新聞, 1955d）。

　同月23日、川崎と松村が会談し、文部省は反対ではないが、学生スポーツに関係するものは離せず、国際競技を厚生省の所管にするならば、どこで線引きするかを事務当局と話し合うこととなった（日本体育協会, 1955g, p. 499）。

他方、同月29日、衆議院文教委員会において松村は、「体育行政は大きくまとめる時期にきていると思います。それは文部省において一つ大きな機構を持ちたいと考えております」と発言しており、文部省としても一元化を図る方針を述べた（衆議院事務局編, 1955d, p. 25）。

　その後、事態は進展せず、同年 8 月23日付の読売新聞では、「川崎厚相の思いついた『厚生省スポーツ局』は当分おあずけになったらしい。スポーツ界のためには、かえって幸いだったと思う」とスポーツ局構想の頓挫が報じられた（読売新聞, 1955c）。

　しかし、その直後の同月27日から28日にかけて、厚生省が同省にスポーツ局を設置することを正式決定したと各紙が報じた（読売新聞, 1955d：朝日新聞, 1955b：毎日新聞, 1955e）。川崎は、松村や川島正次郎行政管理庁長官とも話が進んでいるとして、実現は間違いないと語っており、厚生省の構想では、スポーツ局の仕事の骨子は以下のようであると報じられた（読売新聞, 1955d）。

①学生スポーツを除いた勤労者の全国大会、社会人体育大会をひらくほか各職場や地域ごとに体育指導者を養成する。
②男女が二十歳になると強制的に身体検査を行い、身長、体重、胸囲、肺活量などを調べる。また希望者には戦前のような体力検定も行う。
③アマ、プロ両方の競技会の監督指導をやる。
④また一月の閣議で競馬、競輪などの自粛開催[3]をきめたが、今のようにプロスポーツが年中行われてはアマの発展を妨げるので将来はプロスポーツのシーズン制を設け、一定期間だけ催すようにしたい。

　この構想では、学生スポーツを除いており、文部省の所管に配慮し、利益対立を回避しようとしていたと推察される。一方、体育・スポーツ行政の一元化という当初の目的とは異なるアイディアとなっていた。また、国民の身体検査の実施やプロの競技会への監督指導を掲げており、行政の介入が強まると捉えられるアイディアであった。

第4項　新聞紙上における厚生省スポーツ局構想に対する反対意見

　1955年8月27日、各紙において厚生省がスポーツ局設置を正式決定したと報じられたと同時に、新聞紙上では、スポーツ局設置へ反対する論調の意見も掲載された。同日、田畑は、「スポーツ局を設置するという問題はそんな拙速でなくてももっと慎重にやってもらいたい。体協にも何ら具体的な話はないし少なくとも公聴会ぐらいは開くべきだ」と批判した（読売新聞，1955d）。同日、評論家の大宅壮一は、強制的な身体検査を実施するとの報道に「強制健康検査は以前の徴兵検査に代ることになるのではないか。（…）スポーツは何も政府が手を加えて干渉すべきではない」と批判した（朝日新聞，1955b）。

　同月28日、毎日新聞は、「一元化は結構だが　官庁同士のナワ張り争いはご免　軍国調利用は特に警戒」との小見出しでスポーツ局構想に対する懸念を示したとともに、文部省が「体育行政の二元化」の問題や「国家の手による健康管理」に対する疑念から「川崎厚相のスポーツ局構想に強く反対している」と報じた（毎日新聞，1955f）。同日、読売新聞は、スポーツ局構想について関係省庁で話がついたとの報道に、田中義男文部次官が「とんでもない」と否定したことや、文部省こそ「来るべき国会にはスポーツ局設置のための法律案を提出するよう」準備しているとの文部省側の主張を報じた（読売新聞，1955e）。

　この後も、毎日新聞の社説でのスポーツ局設置への反対や（毎日新聞，1955g）、朝日新聞による川崎の発言を思いつきと批判する記事（朝日新聞，1955c）、さらには、読者の投書欄においても、強制的な身体検査を徴兵制と結びつけて批判するものや（毎日新聞，1955h）、スポーツは自由に楽しむものであるとして管理に反対するものが掲載された（読売新聞，1955f）。

　以上のように、スポーツ局構想は、行政の組織及び事務の点では二元化をもたらすものとして、行政作用の点では行政による過剰な介入として新聞紙上において批判された。

第 5 項　スポーツ局設置の見送り

　1955年 8 月30日、閣議において松村と川崎の間では、松村がスポーツ局設置に賛成した、賛成していないとのやり取りがなされ、不満や対立が表出したことが報じられた（読売新聞, 1955g, 1955h）。また、スポーツ局設置をめぐる川崎の一連の行動は、「独走の厚相」とも表現され、批判的に報道された（朝日新聞, 1955d）。

　以上のような批判的な報道を経て、川崎の発言も消極的なものになった。同年 9 月 2 日、川崎がスポーツ局についてスポーツ議員連盟や日本体育協会から厚生省に設置する提案があったから考えたのであって、文部省が反対ならやめてもよいと発言したことが報じられた（毎日新聞, 1955i）。また、同月 3 日付の読売新聞上での座談会において、川崎は、「決して強制的な身体検査ではない」と「強制」が問題視された身体検査について訂正する発言もした（読売新聞, 1955i）。

　結局、厚生省は、スポーツ局の新設を試みるも文部省や世論の反対だけでなく、行政管理庁からも行政簡素化の観点から反対された（読売新聞, 1955j, 1955k）。そして、同月11日、厚生省が同月 8 日から 9 日の省議を経てスポーツ局設置を見送ったことが報じられ（読売新聞, 1955l）、スポーツ局構想は、雲散霧消となった。

小　　括

　1955年の厚生省スポーツ局構想の頓挫の過程を利益、制度、アイディアの視点から分析すると以下のように指摘できる。

（ 1 ）利益の視点

　第 1 に、文部省、保健体育審議会、スポーツ議員連盟、日本体育協会及びスポーツ振興会議等、体育・スポーツ関係アクターは、一貫して体育・スポーツ行政組織の設置を要望してきた。体育・スポーツ関係アクターは、体育・スポーツ行政組織の設置が必要であるという点で利益が一致していた。

　第2に、文部省と厚生省は、厚生省スポーツ局構想に際して、先行研究も指摘するように利益対立を起こした。省庁は、一般に自らの組織の存続や権力の増大をすることが利益である。それゆえ、文部省と厚生省の利益対立は、自己の利益を最大化するための行動として当然の帰結であった。

　第3に、日本体育協会は、当初、文部省体育局設置を要望していたが、厚生省スポーツ局構想に際しては、文部省と厚生省の動向を慎重に観察し、最終的には同構想に批判的な立場をとった。体育・スポーツ行政組織の設置は、同会にとって利益であるが、同構想は、行政による積極的な介入姿勢を示したアイディアであった。そのため、同会は、同構想によって自らの事業に介入されることを不利益と認識し、批判したといえよう。他方、同会は、民間有識者中心の機関を内閣に設置することを独自に提案していた。これは、内閣の機関を意思決定機関とし、体育・スポーツ行政組織を実施機関と位置づけるアイディアであった。すなわち、同会は、自らの利益を最大化するために、自らの意思決定に対する関与を増加させようとした一方で、行政による自らの事業への介入を抑制しようとしたと理解できる。

（2）制度の視点

　第1に、この時期の行政改革の基本は、行政事務の整理、人員の縮減及び行政機構の簡素化であった。そのため、政府は、諸アクターによる体育・スポーツ行政組織の設置要望を受けても、行政機構の簡素化による制約によって基本的には行政組織を新設できる状況にはなかった。ただし、科学技術庁の設置のように、政治や世論の状況によっては例外的に新たな行政組織が設置されることもあった。このことは、体育・スポーツ行政組織の設置を実現するためには政治や世論による後押しが不可欠であったことを示していた。

　第2に、1952年7月31日、文部省設置法の一部改正によって、文部省の内部部局の構成原理に変化があった。内部部局の構成原理は、1949年の体育局廃止の一要因となったものであり、この変化によって体育局設置を妨げる制約が一つ解消された。このことは、1958年の体育局設置を理解するうえで一つの重要な変化であった。

（3）アイディアの視点

　第 1 に、政策形成過程における争点の一つは、行政作用の在り方という規範的次元のアイディアであった。松村は、スポーツ活動の自由に価値を置き、行政の介入に対して慎重な立場であり、体育局設置を推進するアクターとはならなかった。他方、川崎は、国民の体力改造及び保健施策の実施のために、行政の積極的な介入を是とする立場であり、厚生省スポーツ局構想を推進した。

　川崎は、単に時の厚生大臣というだけでなく、スポーツ議員連盟の中心人物であった。スポーツ議員連盟は、かねてより体育・スポーツ行政組織の設置を要望してきたが、行政改革の動向による制約もあり、実現していなかった。そのようななかで、川崎は、厚生大臣となったことで体育・スポーツ行政組織の設置構想を強力に推進できた。川崎は、国会におけるスポーツ局構想発言後に「事務当局に作業案の作成を命じた」という報道からも、同構想は、厚生省の組織的かつ準備された行動というよりも川崎大臣の信念に基づく行動によるところが大きかったと考えられる。

　しかし、川崎のアイディアは、スポーツ振興会議における「国民健康本部（仮称）」の案を除き、類似するものがなく、関係者や国民にとって馴染みがないものであった。さらに、同構想は、新聞報道を通じて強制的な身体検査や国家による管理等を進めるものとして戦前を想起させながら意味づけられた。つまり、川崎は、アイディアの伝達に失敗し、世論の反発を招くこととなった。

　第 2 に、もう一つの争点は、行政の組織及び事務の在り方という認知的次元のアイディアであった。諸アクターは、体育局廃止後、関係事務が分散されたことを行政運営上の不都合や体育・スポーツ行政の軽視として問題と認識していた。そのため、諸アクターは、それらの問題を解決するため、体育・スポーツ行政組織の設置というアイディアを提示した。

　文部省体育局案は、保健体育審議会の建議を中心に、保健と体育との関連、学校体育と社会体育との関連及び教育的立場からの指導助言の必要性を

　根拠に正当化され、反発を招くことはなかった。ただし、行政の簡素化という制約があり、具体的な動きとはならなかった。

　他方、厚生省スポーツ局構想は、川崎の発言以前に関係するアイディアの構築、蓄積がなかった。それゆえ、川崎の発言は、「思いつき」と評されることになった。また、当初、政策課題は、体育・スポーツ行政の一元化であったにもかかわらず、同構想は、文部省との利益対立を回避しようとしたことにより、体育・スポーツ行政の二元化の問題を引き起こすものとして意味づけられ、賛同を得られないものとなった。

　当時、世論の後押しは、行政簡素化による制約を打破するために欠かせないものであった。しかし、同構想は、行政の組織及び事務の在り方並びに行政作用の在り方の双方が批判の対象となった。すなわち、同構想は、世論にアイディアが受容されず、先行研究も指摘するとおり、反発を招き、頓挫した。政策過程において、アイディアは、ダイレクトに政策に反映されるわけではないので、それをどう伝え、納得を得るかというコミュニケーション過程も重要とされている（西岡, 2021, p. 59）。しかし、同構想は、審議会の答申等による正当化の手続きを経ずに、川崎の信念に基づいて、急浮上したアイディアであった。それゆえ、同構想は、関係アクターとの調整もなされておらず、世論にも受容されなかったといえよう。

1　科学技術庁設置法の成立までに時間を要した背景には、戦後の内閣が行政機構の縮小方針をとってきたこと、戦時中の技術院の復活につながるのではないかという懐疑論があったこと、議員立法としての国会提出が企図されたが内閣立法に変更されたこと、原子力行政と科学技術行政の調整の問題があったことなどがあった（行政管理庁史編集委員会編, 1984, pp. 147-148）。
2　1955年3月18日、衆議院商工委員会科学技術振興のための小委員会が「科学技術庁設置に関する決議」を行い、同小委員会を中心に議員立法の形で法案を提出する動きが活発化したことが、科学技術庁設置の契機となった（行政管理庁史編集委員会編, 1984, pp. 147-148）。すなわち、同庁設置の背景には、国会議員による強い働きかけがあった。また、同庁設置に関しては、経済界が比較的大きな影響力を持ったことも指摘されており（岡本, 1996, p. 29）、議員以外の支持も調達していた。むろん、反対勢力

もおり、「結果として、『弱い』科学技術庁が誕生した」と指摘されている（岡本, 1996, p. 29）。

3 競馬、競輪などの自粛開催とは、閣議で競馬、競輪などを土曜、日曜及び祭日以外は開催しないことが了解されたことを指している（古林, 2016, p. 59）。

第3章　1958年の文部省体育局設置

第1節　行政改革の動向

　戦後の行政改革は、戦時中に膨大化した行政事務の整理、人員の縮減及び行政機構の簡素化を基調としてきた。このことは、1949年の体育局廃止の一要因であり、その後、体育局の再設置がなかなか実現しなかったこと及び1955年の厚生省スポーツ局構想の頓挫の背景でもあった。

　他方、厚生省スポーツ局構想が頓挫した1955年以降の行政改革の動向を確認すると、その方向性の転換を確認できる。1956年3月31日、第3次鳩山内閣は、その行政改革の方針を「第一次行政制度改革要綱」として閣議決定した（行政管理庁史編集委員会編, 1984, pp. 153-155）。同決定では、「占領行政の行き過ぎを是正し、議員内閣制の下における責任体制を明確にするとともに、行政事務の管理を強化しその能率を向上させる」という行政改革の基本方針が示された。具体的には、「トップマネージメント機構の改革」を筆頭に「総理府機構の改革」、「人事行政機構及び運営の改革」、「予算編成機構及び運営の改革」、「内政省の新設」並びに「行政事務の改善」の6つが主要な項目として挙げられた（内閣官房, 1956）。無論、これらすべての改革が実行されたわけではないが、重要なことは、行政改革の方向性が転換してきたことである。すなわち、行政事務の整理、人員の縮減及び行政機構の簡素化を志向する従前の行政改革とは異なり、政治責任の明確化や政府の政策を反映させるための行政改革という方向性に転換してきたということである。

　また、この背景は、日本が戦後復興期から高度経済成長期へと転換し、新たな行政需要が発生したことであり、実際に、1956年の科学技術庁、原子力

委員会の新設をはじめとして、1956年から1966年の10年間において各省庁の局は94から130まで増大した（福沢, 2010, p. 114）。

　以上の動向を本研究との関係から換言すると、行政機構の簡素化等の行政改革の動向が、体育局の再設置、すなわち、行政組織の新設というアクターの行動選択を制約してきた[1]。一方、行政改革の方針転換によって、アクター行動を制約する要因が抑制され、むしろ、その設置が実現し得る状況へと変化してきたといえる。

第2節　「文部省設置法の一部を改正する法律案」の国会提出まで

第1項　厚生省スポーツ局構想の見送り後も続く要望

　上述のとおり、厚生省スポーツ局構想は見送りとなったが、体育・スポーツ行政組織の拡充を求める動きがなくなったわけではない。1955年9月15日、近畿二府四県体育協会会長会議は、要望書のなかで「現在の青少年の体育、スポーツ、レクリエーション関係の諸機関を体育局（スポーツ局）に強化拡充されたきこと」や「戦前の二元的体育行政の煩雑に鑑み、前項の体育行政機構は一元的機構であるべきこと」を要望した（日本体育協会, 1955g）。さらに、同年10月30日、日本体育協会の昭和三十年度支部長会議は、全会一致で「体育・スポーツ振興に関する要望書」を決議し、「政府に体育・スポーツの行政施策を統一する機関を設け」ることを政府及び衆参両院に要望した（日本体育協会, 1955h）。

　日本体育協会は、「体育運動を振興して国民体力の向上とスポーツ精神を養うことを目的」とした組織であり（日本体育協会, 1963, p. 510）、国の体育・スポーツ行政組織を拡充し、体育・スポーツの振興を強化することは、同会の目的、すなわち、同会の利益やアイディアと一致するものであったと理解できる。なお、同会は、1949年の文部省体育局廃止や1955年の厚生省スポーツ局構想の過程においても要望を出しており、これらの要望もその延長線上

にあったといえる。ただし、これらは、地方支部からの要望であり、中央政府における一元的な体育・スポーツ行政組織の不存在が地方の体育協会にとっても問題であったことが窺える。

第 2 項　1955年の保健体育審議会の建議

　1955年12月15日、保健体育審議会は、「保健・体育・給食・スポーツ・レクリエーション行政の一元化」を建議した（保健体育審議会, 1955）。同建議は、1954年 3 月 5 日の諮問「国民体位向上の具体的方策いかん」に対して、「その根本的問題にまでさかのぼって目下慎重に検討を加えている」過程で建議されたものであった。

　同建議は、「国民の体位の向上を図ること」を重要な国策とすると同時に、「現在関係各行政機関に分散所管されている保健・衛生・スポーツ・レクリエーション等、国民の身体面の発達に関与する国の行政事務に抜本的な再検討を加え、施策の一貫性と強化を図ることが必要」と述べた。他方、その施策に関する行政組織について1949年の体育局廃止によって、同局の事務が各局に分散されたことで、「文教行政自体の中における体育の軽視弱体化という事態をひき起したのみならず、常に教育的見地から振興を図らなければならない体育に対する考え方を教育以外の領域より不当に混乱せしめる結果をも招来するに至っ」たと問題を指摘した。そのうえで、この問題に対する解決策として、「早急に文部省に保健・体育・給食・スポーツ・レクリエーション等、又社会教育の領域における一般成人及び青少年に対する運動競技、レクリエーション等、文教行政における体育振興に関する指導の強化と一貫性を実現するよう、強く要望する」と述べた。

　以上のように、同建議は、認知的次元のアイディアとして体育行政組織について、関係事務の分散による「体育の軽視弱体化」及び「教育的見地から振興を図らなければならない体育に対する考え方」の混乱を問題として位置づけ、その解決策として関係行政の一元化の必要性を指摘した。また、上記の内容は、同審議会の1951年 3 月24日の建議及び1953年 6 月24日の答申の内

容と同様の趣旨であった（保健体育審議会, 1951, 1953）。同審議会は、体育行政組織の不存在について繰り返し指摘することによって、関係アクターにそれを問題として認識させようとしたとともに、審議会の結論として体育行政組織の必要性を正当化しようとしたと推察できる。

この翌日の12月16日、衆議院内閣委員会では宮城県体育協会長山田勇太朗ほか7名より「体育局設置の陳情書」が提出されたが、関連する審議はなされなかった（衆議院事務局編, 1955e, p. 1）。

1956年3月27日、衆議院文教委員会では、清瀬一郎文部大臣が、木下哲議員（日本社会党）の質問に対する答弁のなかで体育局設置の意向を閣内閣外に主張したが、国家の財政状況や行政機構改革との関係で設置に至らなかったと答弁し（衆議院事務局編, 1956, pp. 6-7）、次年度の体育局設置には至らなかった。保健体育審議会の建議等によって、体育局設置に関する認知的次元のアイディアは構築されていたが、それが大蔵省や行政管理庁といった主要な政策アクターに受容されておらず、調整ができていなかったと理解することができる。

第3項　1956年の保健体育審議会の建議

1956年6月18日、保健体育審議会は、「わが国保健体育振興のための行政機構改善整備の基本方策について」を建議した（保健体育審議会, 1956）。同建議は、前年12月15日の建議に引き続き、1954年3月5日の諮問「国民体位向上の具体的方策いかん」を背景としたものであった。その内容は、「行政機構の改善整備」とともに「保健体育の実践運動のための民主的な全国的国民組織の結成を図ること」を求めるものであった。その詳細については、同建議の別紙資料である同審議会の保健体育行政機構特別委員会の報告「わが国保健体育振興のための行政機構改善整備の基本方策について」に委ねていた。

同報告では、まず、「国民の健康と体力の増進を図るという究極の目標を達成するためには、学徒のみならず、一般社会人の保健、衛生、スポーツ乃

至レクリエーションの活動を、より一層活発に行わなければならない」こと
を述べた。ただし、それについて、「国や地方の保健体育関係行政機構のみ
を採り上げ」るのではなく、国民自らが「強力な自主的活動を組織的に推進
することが大切」であると指摘した。そのうえで、行政の役割については、
「国や地方の行政は、将来常にこのような民主的な国民組織の育成に必要な
助成を図るべきものと考える。政府は国民の保健体育振興のことを援助し、
事務的な世話をするに止めるべきで、これを支配したり統制したりしては断
じてならない」と指摘した。

　また、国民の間には「スポーツやレクリエーションを楽しむ人口が増加し
つつある」一方、「スポーツ及びレクリエーションの実践と常に表裏の関係
に立って配慮されなければならない保健衛生のことは比較的等閑に附されて
おり」、「啓発助長を要する問題が多くある」との認識を示した。そのうえ
で、「従来ややもすれば、保健と体育とが分離運営されていて、種々の弊害
や欠陥が現れていることをも深く慮り、この新たな国民組織の活動を通し
て、保健と体育が共々にかつ一体化して推進され、発展して行くように配慮
されなければならない」と指摘した。

　そして、最後に政府に対して、「保健体育の国民的な新組織が確立される
よう援助され、かつ、そのために必要な新しい国及び地方の行政機構の実現
に努力されんことを要望」した。

　以上のように、体育行政組織の必要性について指摘している点では、同審
議会の従前の建議及び答申を踏襲しているといえる。認知的次元のアイディ
アとしては、保健衛生の等閑視を指摘し、それに対する啓発助長、保健と体
育の一体化の必要性を指摘することによって、総合的機関としての一局が必
要であることを正当化しようとしたと考えられる。一方、「民主的な国民組
織の育成の必要」や、行政組織の役割を「事務的な世話」に見出し、言及し
た点は、従前の建議及び答申とは異なる新しい点であった。これは、厚生省
スポーツ局構想が国民に対して統制や管理するものとして認識され、反発を
招いたことを踏まえた規範的次元のアイディアであると理解できる。すなわ

ち、事務的な世話役としての行政組織の役割を強調し、伝達することによって、世論にアイディアが受容されるように試みたと推察でき、巧みな言説戦略であったといえよう。

第4項　日本体育協会及び国会議員による要望

　1956年12月29日、灘尾弘吉文部大臣は、記者会見において次年度予算編成方針について説明するなかで、「体育局新設を早急に指示したい」と語り（読売新聞, 1956）、体育局設置への意向を示した。

　他方、日本体育協会や国会議員による要望もなされた。1957年1月19日、日本体育協会は、内閣総理大臣、各省大臣及び主要政党等に「スポーツ振興に関する意見書」を提出した。そのなかでは、「スポーツ並びに体育行政機構を一元化し、総合一貫性のある施策を遂行するため文部省内にスポーツ局（又は体育局）を設置せられたい」と指摘し、行政組織の拡充を要望した（日本体育協会, 1957a, p. 7）。

　同年2月7日、衆議院予算委員会において、川崎秀二議員（自由民主党）は、「国民全般に対する体育の普及という問題」に関連して、「文部省に将来体育局なり、スポーツ局なりというものを置く」とともにその前提として、「内閣にスポーツ振興審議会というものを作ったらどうか」と灘尾に対して答弁を求めた。灘尾は、川崎の発言に同意を示したうえで、「文部省の機構拡充という問題も今後検討」するとしつつ、「内閣にスポーツ審議会」を作ってもらうよう「近く閣議にも諮」ると回答した（衆議院事務局編, 1957a, p. 25）。この答弁のとおり、同年2月15日、内閣総理大臣の諮問に応じてスポーツ振興に関する緊急な重要施策について調整する機関としてスポーツ振興審議会が設置されることが閣議決定された（文部省体育局, 1968, p. 155）。一方、体育局設置に関しては、同年2月28日、衆議院文教委員会において灘尾が「予算といたしましてはものにならなかった」と答弁しているように、次年度の設置には至らなかった（衆議院事務局編, 1957b, p. 1）。

　上記のとおり、1957年度の予算においても体育局設置には結びつかなかっ

たが、体育局設置の要望は引き続きなされた。1957年 4 月26日、参議院文教
委員会における社会教育法の一部改正に関する審議において、矢嶋三義議員
（日本社会党）は、「体育の総合行政機関」がないことを批判し、行政機構の整
備を求めた（参議院事務局編, 1957, p. 5）。そして、社会教育法の一部改正の決
議に際して、附帯決議として「国民の体位向上と国際親善を図るため、政府
は次の事項に関し特段の措置を講じ、その実現を期すべきである」とされ、
その一つに「体育行政機構を整備充実すること」が決議された（参議院事務局
編, 1957, p. 11）

　政府においては、既に保健体育審議会の建議及び答申として体育行政組織
の必要性が繰り返し指摘されてきたが、政治の側においても、スポーツ振興
審議会の設置提案や社会教育法の一部改正の附帯決議として体育行政組織の
整備拡充に言及するなどの動きがあった。なお、スポーツ振興審議会の設置
の背景には、日本体育協会の要望の影響もあったと推察できる。日本体育協
会は、1955年の時点で民間有識者中心のスポーツに関する審議機関を内閣に
設置することを提案していた（日本体育協会, 1955e）。

第 5 項　スポーツ振興審議会の答申

　スポーツ振興審議会の設置が閣議決定された後、1955年 3 月 4 日、20名の
委員[2]が決まり（読売新聞, 1957a）、同月18日、同会の第 1 回総会が開催され、
会長に藤山愛一朗、副会長に東俊郎が互選された（読売新聞, 1957b）。また、
同総会において、内閣総理大臣岸信介より「スポーツの国民一般に対する普
及振興ならびにその国際交歓を促進するための根本方策について」が諮問さ
れた。同諮問においては、「諮問問題点」の 1 つとして「行政機構の整備に
ついて」、「スポーツに関する行政事務を所管する国、地方を通じて各機関の
間の相互関係を調整、整備し、一層有効適切な指導助成の実を挙げ得るよう
検討する必要がある」ことが指摘された（スポーツ振興審議会, 1957a）。

　同年 4 月10日、同会の第 2 回総会が開催され、意見交換がなされるととも
に、小委員会を設置し、審議することとなった（読売新聞, 1957c：毎日新聞,

1957a）。その後、小委員会における 4 回の審議を経て（日本体育協会, 1957b, pp.
2-5）、同年 6 月14日の総会において先の諮問に対して答申がなされた。

　同答申では、「スポーツの国民一般に対する普及振興方策について」におい
て「スポーツに関する行政機構の整備拡充について」が言及された（ス
ポーツ振興審議会, 1957b）。そこでは、まず、「スポーツの飛躍的振興を期する
ためには、その行政機構の整備充実が必要である」との認識が示された。

　一方、現状として、1949年の体育局廃止によって、その所掌事務が各局に
分散し、体育行政の機能が弱体化していること、スポーツ振興の重要性が高
まる現状に対処できていないこと、文部省と他省庁のスポーツ行事の連絡調
整が必ずしもとれていないこと及びこのような国における問題が地方にも反
映されていることという問題点が指摘された。その上で、スポーツ行政機構
を整備充実するため、「文部省に体育主管局を設置すること」、「スポーツ行
政に民意をじゅうぶんに反映させる機関を設置すること」、「スポーツ行政連
絡協議会を総理府に設置すること」及び「地方のスポーツ行政機構の整備拡
充を図ること」という 4 点の措置を提起した。また、「文部省に体育主管局
を設置すること」については、「この局は、学校体育および社会体育を総合
的かつ一元的に所管するのみならず、体育スポーツ、レクリエーションとき
わめて密接な関係を有する学校保健に関する事務をも所管すること」と説明
した。

　以上のように、体育局に関するアイディアは、従前の保健体育審議会の建
議と大きく変わらないといえる。他方、文部大臣の諮問機関たる保健体育審
議会ではなく、内閣総理大臣の諮問機関たるスポーツ振興審議会がこれを指
摘したという事実が重要である。すなわち、厚生省スポーツ局構想の際に
は、厚生省と文部省の対立が問題となったが、内閣総理大臣の諮問機関の答
申となれば、そのような省庁間の対立を調整、抑制する効果を発揮し得たと
推察できる。事実、答申の翌日の 6 月15日、毎日新聞では「厚生省側も暗黙
のうちにこれを了承」と報じた（毎日新聞, 1957b）。また、体育局設置に関し
ては、大蔵省との予算折衝も懸案となっていたが、これに対しても効果を発

揮し得たと推察される。スポーツ振興審議会が、保健体育審議会のアイディ
アを踏襲することによって、それが正当化されるとともに、内閣総理大臣の
諮問機関のアイディアとして省庁間の調整機能を果たしたと解することがで
きる。

　なお、スポーツ振興審議会の委員には、会長の藤山、副会長の東のほか
に、田畑、久富が加わっていた。東は、1949年の体育局廃止時の体育局長で
あり、その廃止に強く反対してきた人物である。その後、東は、日本体育協
会の理事として1955年の厚生省スポーツ局構想に際しても、田畑、久富とと
もに厚生大臣、文部大臣等と会談し、体育・スポーツ行政組織の設置を要望
してきた経緯がある。日本体育協会の理事であった彼ら[3]が、委員となって
影響力を行使したことが推察される。

第6項　「文部省設置法の一部を改正する法律案」の閣議提出へ

　1957年7月30日、保健体育審議会は、「保健体育主管局の設置について」
を要望した（保健体育審議会, 1957）。この要望は、同審議会の1955年12月15日
の建議、1956年6月18日の建議、1957年6月14日のスポーツ振興審議会の答
申の存在に触れ、文部省に保健体育主管局を設置することを重ねて要望した
ものであった。

　その後、同年8月19日、文部省が体育局及び教科書部を設置するため、機
構改革案を検討していること、また、大蔵省及び行政管理庁と折衝して、次
の通常国会に文部省設置法の改正案を提出する方針であることが報じられた
（毎日新聞, 1957c）。そして、1958年1月19日、文部省の稲田清助事務次官が、
大蔵省の森永貞一郎事務次官と予算折衝を行い、文部省に体育局を新設する
ことで意見が一致し（毎日新聞, 1958）、同年2月6日の次官会議を経て、翌2
月7日の閣議に提出された[4]（内閣官房内閣参事官室, 1958a, 1958b）。

　なお、この間の新聞報道では、上記のような事実経過を伝えるもののほか
に体育行政の諸課題を挙げ、体育局の役割に期待を寄せる一方で、国家統制
にならないように釘をさすものがあった（読売新聞, 1958a, 1958b）。また、1958

年2月5日、日本体育協会の理事会においても、「体育局が出来ても戦時中の考え方のように体協及びスポーツ界を統制するような考え方をしないこと」との意見があった（日本体育協会, 1958）。メディアや日本体育協会においては、体育・スポーツの振興のため、体育局設置を歓迎しつつも国家と民間団体や国民との関係について慎重な視線が注がれていたといえよう。厚生省スポーツ局構想において問題となった行政作用の在り方がこの時点においても引き続き懸念されていたと解される。

第3節　国会審議過程

　本節では、「文部省設置法の一部を改正する法律案」の国会審議について検討する[5]。同法案において体育局に関係する箇所は第6条及び第10条の改正であった。第6条の改正は、内部部局に体育局を加える改正であり、第10

表3-1　体育局の事務

（体育局の事務）
第十条の二　体育局においては、左の事務をつかさどる。
　一　左に掲げる事項に関し、企画し、並びに指導、助言及び援助を与えること。
　　イ　体育（運動競技及びレクリエーションを含む。以下同じ。）の振興
　　ロ　学校保健（学校における保健教育及び保健管理をいう。以下同じ。）の向上
　　ハ　学校給食の普及充実
　二　体育、学校における保健管理及び学校給食のための補助に関すること。
　三　学校における体育、学校保健及び学校給食の基準の設定に関すること。
　四　国際的又は全国的な規模において行われる運動競技に関し、連絡し、及び援助すること。
　五　国民体育館を管理し、及び運営すること。
　六　左のような方法によつて、体育、学校保健及び学校給食のあらゆる面について、体育指導者、教育職員その他の関係者に対し、専門的、技術的な指導と助言を与えること。
　　イ　手引書、指導書及び教材、教具等の解説目録その他の出版物等を作成し、及び利用に供すること。
　　ロ　研究集会、講習会、展示会その他の催しを主催し、又はこれに参加すること。

出典：法案をもとに筆者作成

条の改正は、体育局の所掌事務（表3-1）を規定するものであった。

第1項　衆議院における審議

　衆議院では、1958年2月11日、衆議院内閣委員会において臼井荘一文部政務次官が提案理由及び内容の概要を説明した。そこでは、体育局に初等中等教育局及び大学学術局の学校体育、社会教育局の運動競技、レクリエーション、その他社会体育、初等中等教育局の学校保健、管理局の学校給食を移管し、体育局で文部省所掌の体育、学校保健、学校給食に関する事務を一体的に処理することが説明された。また、提案理由として、1949年の体育局廃止後の運営に鑑みて、「学校体育、社会体育並びにこれらに関連する施策を強力に推進」するためには、「体育局を設けてこれらの事務を一体的に処理することが適当である」と考えたこと、「保健体育行政機構の整備拡充」について「スポーツ振興審議会の答申を初め、各方面から要望せられている」こと及び「アジア競技大会の開催や、オリンピック大会招致の促進等のため」でもあることが説明された（衆議院事務局編, 1958a, pp. 3-4）。

　同案についての質疑は次回以後となったが、その後の衆議院内閣委員会においては、体育局に関する直接的な議論はなされていない。唯一、同年3月13日、衆議院内閣委員会において石橋政嗣議員（日本社会党）が、文部省設置法を含む各省庁の設置法改正について「無原則的な機構の膨張が見られる」と批判したなかで、その一例として体育局設置について触れた程度であった（衆議院事務局編, 1958b, p. 4）。そして、同年4月18日、衆議院本会議において同法案は、体育局に関する修正はなく可決された（大蔵省印刷局, 1958a）。

第2項　参議院における審議

　他方、参議院では、1958年2月18日、参議院内閣委員会において唐澤俊樹法務大臣が文部大臣の代理として同法案の趣旨説明を行ったが、その内容は衆議院における臼井政務次官の説明と同様であった（参議院事務局編, 1958a, p. 2）。

　その後、体育局に関する議論があったのは、同年4月23日、参議院内閣委員会であった。そこでは、伊藤顕道議員（日本社会党）より、体育デーの構想、今後の学校保健と学校給食のあり方について、矢嶋三義議員（日本社会党）より、アジア競技大会、オリンピック競技大会、子どもセンター、学校スポーツについて、西田信一議員（自由民主党）より、民間体育団体への補助について質問があり、文部大臣や担当官から回答があった。ただ、それらは体育局設置を前提とした体育行政の諸課題に関する議論であり、行政組織それ自体に対する議論ではなかった（参議院事務局編, 1958b, pp. 31-35）。

　そして、同年4月24日、参議院本会議において同法案は、体育局に関する修正はなく可決され（大蔵省印刷局, 1958b）、同年5月1日、体育局は再設置された。以上のように、国会審議過程において体育局に関する議論は低調であり、修正もないことから、国会提出の前段階において実質的な政策決定がなされていたと解することができる。

第4節　予想質問答弁資料

　国会審議過程において同法案の体育局関係規定に直接的に関係する質疑はなかったため、同法案における体育局関係規定に対する文部省のアイディアについて、その詳細を窺い知ることはできない。他方、同法案の予想質問答弁資料からは、その一端を把握することができる（文部省大臣官房審議班, 1958）。

　まず、体育局の所掌事務については、「現に、初等中等教育局、大学学術局、社会教育局および管理局において所掌している体育、学校保健および学校給食に関する所掌事務を体育局に集めるものである」ことが記述されており、体育局設置に伴い新たに付け加えられた所掌事務はないことが分かる。追加しなかったか、追加できなかったかは判然としないが、文部省内の所掌事務を体育局に集めるだけであれば、他省庁との調整は不要であり、他省庁との所管争いの回避に繋がったと推察できる。また、学校給食を体育局に移

す理由については、「学校給食に関する事務は、従前体育局において所掌していたものであり、また、学校給食は、学校保健と密接な関連があるので、体育局に移すこととした」ことが記述された。

　つぎに、上記の説明及び法案の内容からも明らかなように、体育局の所掌事務は、体育（運動競技及びレクリエーションを含む）、学校保健及び学校給食であるが、局の名称が「保健体育局」ではなく「体育局」であることについて、次の理由が挙げられた。すなわち、かつて「体育局」が存在しており「なじみ深い名称」であること、「その当時においても学校保健に関する事務を所掌していた」こと及び「文部省設置法においては、『保健』という用語を用いる場合は、他省との所掌事項を明らかにするため特に『学校保健』と規定している」ことが理由であった。とくに 3 つ目の立法技術的な問題が決定的な理由であると考えられる。保健体育とすると学校外の保健も含んでしまう一方で、学校保健体育では、体育が学校体育に限定されてしまうことから、広義の体育が採用されたと推察できる。

　さらに、その「体育」の意味については、次のように広義と狭義の意味に分けて記述されていた。

　　「体育」は、古くから知育、徳育と並んで称せられ、人間の育成にとって重要な柱とされているが、この場合の体育というのは、非常に広範囲なものであって、運動競技やレクリエーションとして行う身体運動をはじめ、種々の活動を含み、それらの諸活動を通して人間を作るという意味をもっている。もちろん、体育という言葉は狭い意味にも使われている。たとえば、学校体育、社会体育などと呼ばれているのがそれで、この場合の意味は、いわばスポーツや体操などの身体運動を通して体位の向上をはかるということである。

　すなわち、広義の体育は、知育・徳育・体育の体育であり、「身体運動をはじめ、種々の活動を含」むものである。この「種々の活動」に学校保健や学校給食が含まれると解される。そして、「それらの諸活動を通して人間を作る」ことに目的が置かれていた。一方、狭義の体育は、学校体育や社会体育のことを指して用いられており、それらを通した目的は、「体位の向上を

はかる」ことに限定されていた。

　以上より、文部省の体育局に対するアイディアとして次のことが指摘でき
る。すなわち、体育局では、広義の体育概念が採用されており、「人間を作
る」ことを目的としていた。また、体育局の所掌事務には、体育だけでなく
保健衛生や学校給食が含まれていた。これらが体育局において所掌される理
由として、これらに密接な関連があることは述べられつつも、かつての体育
局で所掌していたことも理由に挙げられていた。体育局設置によって新たに
追加される事務がなかったことから、まさに字義通りの再設置であったとい
える。かつての体育局が引き合いに出されたことからすれば、文部省の体育
局に対するアイディアは、認知的次元において、かつての体育局の在り方に
依存して構築されているところが大きいと推察される。

小　　括

　1958年の文部省体育局設置の政策形成過程を利益、制度、アイディアの視
点から分析すると以下のように指摘できる。

（1）利益の視点

　省庁の組織改編は、省庁間の利益対立に発展しかねない。厚生省スポーツ
局構想の頓挫は、その一例であった。しかし、体育局設置は、そのような対
立を回避できた。その一要因は、体育局設置が文部省内の所掌事務を体育局
に集約するにすぎず、新規追加がなかったことであろう。他方、文部省と大
蔵省の予算折衝も一種の利益対立といえるが、これは、参議院における附帯
決議やスポーツ振興審議会の答申の後押しによって、回避されたと推察でき
る。

（2）制度の視点

　第 1 に、1955年以降の行政改革の動向では、それまでの行政組織の新設を
抑制する方向性が緩和された。行政機構の簡素化等の方針は、体育局設置を
望むアクターの行動選択を制約してきたが、それが緩和され、体育局の設置

が実現し得る状況へと変化してきた。

　第2に、参議院における附帯決議及び内閣総理大臣の諮問機関たるスポーツ振興審議会の答申は、省庁間を超越した場での政策決定としてアクターの行動選択を制約し、省庁間の利益対立を抑制し、体育局の設置が実現し得る背景になったと推察される。保健体育審議会の建議及びスポーツ振興審議会の答申は、アイディアとして共通するところも多いが、そのアイディアを誰がどのように発したかということがやはり重要であろう。なお、藤山、東、田畑、久富は、スポーツ振興審議会の委員となり、政策決定の場に関与することができたという事実も重要であろう。

（3）アイディアの視点

　第1に、保健体育審議会は、1956年12月19日の建議において国民の健康と体力の増進のためには民主的な国民組織の育成の必要があるとしたうえで、それを助成することに行政組織の役割を見出すアイディアを提示した。厚生省スポーツ局構想は、国民に対する関与が統制や管理として認識され、反発を招いたが、保健体育審議会は、行政組織の役割を事務的な世話役として強調し、アイディアを伝達した。これによって、世論の反発を回避することに繋がったと推察できる。保健体育審議会は、それまでにも体育行政組織の設置を求める建議及び答申を繰り返し出していたが、同答申は、初めて事務的な世話役として行政組織の役割を強調し、再定義した。保健体育審議会は、厚生省スポーツ局構想の頓挫を踏まえて、規範的な次元においてアイディアが世論に受容されるように再定義したといえ、巧みな言説戦略であった。

　第2に、保健体育審議会の建議及びスポーツ振興審議会の答申は、体育局廃止及び関係事務の分散によって、体育の軽視、教育としての体育という考え方の混乱、保健衛生の等閑視等が生じたと問題を認識し、その解決策として関係行政の一元化（保健と体育の一体化）及び総合的機関としての一局の必要性を主張した。スポーツ振興審議会の答申は、保健体育審議会の建議を踏襲したアイディアではあったが、内閣総理大臣の諮問機関のアイディアとして示したことによって、省庁間の調整機能を果たしたと解することができ

る。

　保健体育審議会の建議及びスポーツ振興審議会のアイディアは、文部省の
アイディアと通底するところがあった。文部省は、広義の体育概念を採用
し、その目的を体位の向上だけではなく、「人間を作る」ことに置き、それ
ゆえ、「教育的見地」を重視していた。また、文部省は、行政組織及び事務
について体育、保健衛生及び学校給食を密接な関連のある一体として捉えて
いたため、関係行政の一元化及び総合的機関を重視した。さらにいえば、こ
のアイディアは、1949年時点の文部省体育局のアイディアとも通底してお
り、かつての体育局の在り方に依存して構築されたと解される。ここに、認
知的次元のアイディアの連続性、別の言い方をすれば、政策遺産を見てとれ
る。

1　行政改革の方針決定に際して、体育・スポーツ関係アクターには、政策決定の参加
　の制約も生じていた。また、行政改革の方針自体は、アイディアでもあるが、本研究
　との関係からすれば、行政改革の方針というアイディアが制度化され、体育・スポー
　ツ関係アクターの行動を制約したと理解できる。
2　委員は、東俊郎（日本体育協会専務理事）、内村祐之（東京大学教授）、大浜信泉
　（日本私立大学連盟会長）、河原春作（東京都教育委員・大妻女子大学学長）、香山蕃
　（日本ラグビーフットボール協会会長）、葛西嘉資（日本赤十字社副会長）、川本信正
　（評論家、読売新聞社嘱託）、信夫韓一郎（朝日新聞社代表取締役）、田畑政治（日本体
　育協会専務理事）、津田正夫（日本新聞協会顧問）、戸倉ハル（お茶の水女子大学教
　授）、永田清（日本放送協会会長）、野口源三郎（埼玉大学教育学部長）、久富達夫（日
　本三道会理事長）、藤山愛一郎（日本オリンピック後援会長）、水野成夫（国策パルプ
　株式会社社長）、村上武夫（住友石炭鉱業株式会社専務取締役）、安井誠一郎（東京都
　知事）、湯浅佑一（湯浅電池株式会社社長）、渡瀬亮輔（毎日新聞社常務取締役）で
　あった（読売新聞, 1957a）。
3　名簿上、藤山の所属は日本オリンピック後援会長、久富の所属は日本三道会理事長
　となっているが、日本体育協会の理事でもあった（日本体育協会, 1963, p. 446）。
4　なお、この間の1957年10月9日、第八回全国高等学校給食研究大会要望として「保
　健、体育、学校給食を通じて児童生徒の体位の向上を期するため、文部省に体育局
　（仮称）を新設し、これら主管課を統合のうえ、強力なる施策の推進を図られたい」こ
　とが要望されている（文部省大臣官房審議班, 1958）。
5　ここでは、法案に対する直接的な審議のみを取り上げている。同時期の予算委員会

等で体育行政に関する質疑は確認されたが、既に法案が提出された後の議論であり、また、それらによって法案が修正された事実もないので取り上げていない。

結　章

第1節　結果の要約

　本研究では、戦後体育行政の形成過程を理論的かつ実証的に明らかにしてきた。その結果を次のとおり、まとめることができる。

　第1章では、1949年の文部省体育局廃止を検討した。その結果、体育局廃止の決定的な要因は、文部省の内部部局の組織編成論にあったといえる。当時の政府は、行政簡素化の方針であり、文部省は、内部部局を1官房5局に削減しなければならないという行動選択の制約があった。他方、この1官房5局をどのように編成するかが問題となった。その際、採用されたのは、「局の二元構成原理」に基づく行政対象別の組織編成というアイディアであった。これによって、体育局は、行政内容別の組織編成であったため、廃止されることになった。すなわち、体育局は、体育行政の領域における政策決定ではなく、その上位の政策領域における政策決定に制約され、廃止されるに至った。

　たしかに、当該過程において文部省とCIEは、組織編成をめぐって対立し、間接統治という政治状況によって、CIEの意向が反映された。ただし、これをもって体育局廃止は、文部省とCIEの利益対立の帰結と評価すべきではないだろう。体育・スポーツ関係アクターは、当該過程において上位の政策領域における政策決定に対して参加の制約があり、また、上位の政策領域における政策決定に行動選択を制約された。つまり、体育局廃止は、上位の政策領域における政策決定による制約の帰結として評価するのが妥当であろう。

　しかし、だからと言って、体育・スポーツ関係アクターの行動は、等閑視されるべきではない。体育局は、広義の体育概念を採用するとともに、教育としての体育を重視するアイディアを示した。このアイディアは、その後の議論に影響を与えた。また、保健体育・スポーツ関係者は体育局存続を要望したが、これらのアクターはその後、保健体育審議会、スポーツ振興会議やスポーツ振興審議会の構成員となり、体育・スポーツ行政組織の設置を要望した。このような連続性についても光を当てるべきであろう。

　第2章では、1955年の厚生省スポーツ局構想の頓挫を検討した。その結果、同構想の頓挫の要因は、同構想をめぐるアイディアの構築と伝達にあったといえる。当時の政府は、行政簡素化の方針ではあったが、政治や世論の状況によっては例外的に行政組織の新設を認めていた。しかし、同構想は、2つの支持調達に失敗し、政治や世論の後押しを得ることができなかった。第1に、同構想は、文部省の所管と重複するものと看做され、厚生省と文部省の利益対立という帰結となった。すなわち、同構想は、認知的次元のアイディアによって省庁間の調整を図ることに失敗した。第2に、同構想は、国家による管理、統制を強化するものと看做され、民間団体や国民の反発を招いた。すなわち、同構想は、規範的次元のアイディアによって民間団体や国民を説得することに失敗した。このような支持調達の失敗の原因は、同構想が川崎の「思いつき」と評されたように、審議会等を通じてアイディアを構築し、正当化するという手続きを経てこなかったことにあるといえよう。

　その他に、まず、日本体育協会は、体育・スポーツ行政組織の設置を要望しつつも、文部省と厚生省の動向を慎重に観察し、最終的には厚生省案に批判的な立場をとった。一方、同会は、民間有識者中心の機関を内閣に設置することを独自に提案していた。これは、仮に厚生省にスポーツ局が設置されても、内閣の機関を意思決定機関とし、スポーツ局を実施機関と位置づけ、行政の関与を軽減しつつ、自らの関与を増そうとするアイディアと理解できる。つまり、同会は、自らの利益を最大化するために行動しており、文部省や厚生省と一枚岩ではなかった。また、この提案は、後にスポーツ振興審議

会の設置によって実現することとなった。

つぎに、文部省の組織編成原理は、1952年7月31日、文部省設置法の一部改正によって変化し、体育局設置を妨げる制約が一つなくなった。このことは、1958年の体育局設置を理解するうえで一つの重要な変化であった。

第3章では、1958年の文部省体育局設置を検討した。その結果、体育局設置は、体育局廃止の要因と厚生省スポーツ局構想の頓挫の要因が解消されたことによって実現されたといえる。まず、政府の行政改革の方針転換は、行政組織の新設を制約する要因の緩和を意味した。

つぎに、文部省は、体育局設置にあたり省庁間対立を回避できた。第1に、体育局設置は、文部省内の所掌事務を集約する形で実施され、新規追加がなかった。そのため、文部省と厚生省は、利益対立を回避できた。文部省は、認知的次元のアイディアによって省庁間の調整を図ることに成功した。第2に、参議院における附帯決議及びスポーツ振興審議会の答申は、省庁間を超越した場での政策決定あり、文部省と大蔵省の予算折衝をめぐる対立の回避に繋がった。

そして、保健体育審議会は、1956年12月19日の建議において体育・スポーツ行政組織の役割を事務的な世話役として再定義し、国家による介入ではないことを強調した。保健体育審議会は、規範的次元のアイディアによって民間団体や国民を説得することに成功した。

なお、体育・スポーツ関係アクターは、当該過程において体育局廃止による関係事務の分散を行政運営上の不都合や体育・スポーツ行政の軽視として問題視し、体育・スポーツ行政組織の設置を要望した。それは、広義の体育概念を採用し、保健と体育との関連及び学校体育と社会体育との関連を重視するとともに、教育としての体育を重視するアイディアに基づいた主張であった。これらは、1949年時点の体育局のアイディアに類似するものであった。つまり、このようなアイディアは、文部省や保健体育審議会を中心に1949年の体育局廃止から1958年の体育局再設置まで貫かれていたといえよう。

第2節　本研究の含意

　本研究は、政策学や政治学の知見を応用し、利益、制度、アイディアを分析の視点として採用し、戦後体育行政の形成過程を理論的かつ実証的に明らかにしてきた。それによって、見えてきたことを本研究の含意として言及したい。

　第1に、利益の視点は、これまでの戦後スポーツ政策に関する代表的な研究における日本体育協会の位置づけとそれに基づく分析方法についての疑問を生じさせる。関は、『戦後日本のスポーツ政策——その構造と展開』における「分析の方法とかかわって」、「スポーツ政策の要に位置していた文部省行政とこれと不可分の関係にあった日本体育協会の動向」と言及し、同会を文部省と不可分の関係と位置付けた（関, 1997, pp. 25-26）。また、草深は、「戦後日本体育政策史序説」における「体育政策研究の課題と方法」において「文部省＝日体協との一元的支配機構」と言及し、同会と文部省をイコールとして位置づけた（草深, 1977, p. 4）。たしかに、同会は、財源の中心が文部省の補助金であったし、文部省との人的な関係もあったので、両者の見解には一定の理解ができる。

　しかしながら、本研究の結果は、厚生省スポーツ局構想に際して、同会が文部省の動向を窺いつつ、自己の利益を最大化するために文部省とは異なる行動をしていたことを示している。このことは、少なくとも同会を文部省と同一視したり、同会の動向を文部省の動向に置き換えて分析したりすることには問題があることを示唆している。

　第2に、制度の視点は、スポーツ政策の政策形成過程において体育・スポーツ関係アクターの動向を追うだけでは見えてこない政策決定の要因があることを示唆した。

　本研究は、行政改革の動向が体育・スポーツ関係アクターの行動を制約していた様を実証してきた。もちろん、このことは、容易に想定され得るとこ

ろではある。しかし、それを丁寧に実証することは、体育・スポーツ関係ア
クターの行動によって説明し得ることと説明し得ないこと、あるいは、大き
な政策動向によって説明し得ることと説明し得ないことの線引きをするうえ
で重要となる。これは、スポーツ政策という特定政策領域の政策形成過程を
対象に分析するからこそ、とくに留意すべき点でもあろう。

　第3に、アイディアの視点は、アジア競技大会の開催や東京オリンピック
招致等の大きな出来事だけでは政策決定を説明できないことを示した。もち
ろん、本研究は、そのような大きな出来事の影響を否定するものではない。
それらは、政策決定を後押しする要因として重要である。しかし、それら
は、政策決定を後押しする流れではあっても、政策を形成する要因ではな
い。

　本研究は、戦後体育行政の形成過程においてアイディアの構築や伝達が重
要であったことを明らかにした。厚生省スポーツ局構想は、政策決定を後押
しする流れがあったとしても、そのアイディア次第では反発を招き、政策決
定を頓挫させることを示した。同構想の頓挫と体育局設置の政策形成過程の
対比は、アイディアが構築、伝達、受容される過程の重要性を鮮明に示して
いた。体育局設置は、保健体育審議会の建議やスポーツ振興審議会の答申を
通じて、そのアイディアが蓄積、正当化されることによって実現した。ま
た、保健体育審議会は、厚生省スポーツ局構想の頓挫を踏まえ、体育・ス
ポーツ行政組織の役割を事務的な世話役として再定義する等、民間団体や国
民にアイディアが受容されるように巧みな言説戦略を用いていた。アイディ
アは、このような漸進的かつ些細な変化を通じて、蓄積され、正当化され、
政策決定に至っていた。本研究は、文部省体育局廃止や厚生省スポーツ局構
想の頓挫を「廃止」や「頓挫」として片づけてしまうのではなく、その背後
で着実に形成されてきたものに対しても目を向けたことによって、このよう
な変化を描き出すことができた。

　内海及び関の研究は、戦後日本のスポーツ政策を政治、経済、社会の動向
を背景にスポーツ政策の大きな流れを押さえて描いており、戦後日本のス

ポーツ政策を理解するうえでいまなお重要な研究成果であり続けている。しかし、それだけでは、「なぜ厚生省スポーツ局構想は頓挫したのに対して、文部省体育局の設置は実現したのかという疑問」に答えることはできなかった。本研究は、政策形成過程における議論を詳細に追うことによって見えてくる政策決定の要因や漸進的かつ些細な変化があることを強調したい。両者の研究は、いまなお通説的地位にある。だからこそ、本研究の成果は、その見直しを迫るものとして意義があろう。

引用・参考文献一覧

［日本語文献］

秋吉貴雄（2007）公共政策の変容と政策科学——日米航空輸送産業における 2 つの規制改革．有斐閣．

秋吉貴雄（2015a）政策決定と制度——行動のルールと構造は政策にどのような影響を及ぼすのか？．秋吉貴雄ほか編，公共政策学の基礎〔新版〕．有斐閣ブックス．pp. 168-186.

秋吉貴雄（2015b）政策決定とアイディア——理念と知識は政策にどのように影響を及ぼすか？．秋吉貴雄ほか編，公共政策学の基礎〔新版〕．有斐閣ブックス．pp. 187-206.

新井喜代加（2010）タイトルⅨの成立過程におけるパッツィ・タケモト・ミンクの関与．体育・スポーツ政策研究．19(1)：49-63.

青木昌彦（2004）なぜ財政改革か——「国のかたち」を考える．青木昌彦・鶴光太郎編，日本の財政改革——「国のかたち」をどう変えるか．東洋経済新報社：pp. 1-33.

青山将己・山口泰雄・長ヶ原誠（2022）オランダオリンピック委員会・パラリンピック委員会の統合背景とその影響：新制度派組織論の枠組みを用いて．生涯スポーツ学研究，18(2)：1-12.

朝日新聞（1951）行政機構をつくれ　体育指導に審議会建言．1951年 3 月25日朝刊 4 面.

朝日新聞（1955a）"スポーツ局を設けたい"川崎厚相答弁．1955年 5 月31日夕刊 3 面.

朝日新聞（1955b）男女とも強制的に「満廿歳」で健康調査　新設予定「スポーツ局」の計画．1955年 8 月27日夕刊 1 面.

朝日新聞（1955c）スポーツ行政．1955年 8 月30日夕刊 1 面.

朝日新聞（1955d）「スポーツ局」で独走の厚相．1955年 8 月31日朝刊 1 面.

東俊郎（1948）日本の体育行政機構について．国立国会図書館所蔵 GHQ/SCAP 文書，Ministry of Education 所収．請求番号：CIE(C)04659.

東俊郎（1949）行政機構改革に対する意見．国立教育政策研究所所蔵，文部省改組（戦後教育資料Ⅸ-6）所収.

B・ガイ・ピーターズ：土屋光芳訳（2007）新制度論．芦書房.

米国教育使節団（1946）米国教育使節団報告書．伊ヶ崎暁生・吉原公一郎編（1975）戦後教育の原典（2）．現代史出版会．pp. 73-119.

CIE（1949）文部省設置法修正案．国立教育政策研究所所蔵，文部省改組（戦後教育資料Ⅸ-6）所収.

第五回國民體育大會愛知県実行委員会事務局（1950）第五回國民體育大會報告書.

第 7 回国民体育大会三県組織委員会・第 7 回国民体育大会栃木県準備委員会（1952）第 7 回國民体育大会報告書.

第六回國民體育大會廣島縣準備委員會事務局（1951）第六回國民體育大會報告書.

愛媛・香川・德島・高知國民体育大會実行委員會（1953）第八回國民体育大會報告書.

遠藤華英・舟橋弘晃・間野義之（2021）途上国における障害者スポーツ政策の形成過程：マレーシアを事例として．スポーツ産業学研究，31（3）：267-289.

遠藤勝恵（2002）「体育・スポーツ政策科学」の体系化のための予備的考察．体育・スポーツ政策研究，11(1)：41-54.

深川長郎（2002）体育・スポーツ政策学の体系づくりと人材育成——体育専門課程の教育の立場から——．体育・スポーツ政策研究，11(1)：63-68.

福沢真一（2010）戦後復興と第一次臨調の設置．笠原英彦編，日本行政史．pp. 105-121.

古林英一（2016）公営競技の誕生と発展：競輪事業を中心に．北海学園大学学園論集，(168)：41-77.

行政調査部（1947）新憲法下の行政機構改革の方針．1947年12月10日．国立公文書館所蔵，請求番号：平14内閣00029100.

行政管理庁史編集委員会編（1984）行政管理庁史．財団法人行政管理研究センター.

行政制度審議会（1950）行政機構の全面的改革に関する答申（内閣官房）．国立公文書館所蔵．請求番号：平14内閣00110100.

保健体育審議会（1951）保健・体育・レクリエーションに関する総合的行政機構の整備および保健体育審議会の運営について.

保健体育審議会（1953）独立後におけるわが国保健体育レクリエーション並びに学校給食の振興方策如何.

保健体育審議会（1955）保健・体育・給食・スポーツ・レクリエーション行政の一元化.

保健体育審議会（1956）わが国保健体育振興のための行政機構改善整備の基本方策について.

保健体育審議会（1957）保健体育主管局の設置について.

池田勝（1999）スポーツ政策研究の発展と動向．池田勝・守能信次編，講座・スポーツの社会科学4　スポーツの政治学．杏林書院．pp. 203-216.

伊藤修一郎（2002）社会学的制度論．河野勝・岩崎正洋編，アクセス比較政治学．日本経済評論社．pp. 147-162.

出雲輝彦（2005）カナダにおける1961年「フィットネス・アマチュアスポーツ法」の成立過程に関する研究．体育・スポーツ政策研究，14(1)：1-17.

出雲輝彦（2014）カナダスポーツ政策2012の策定過程に関する研究．体育・スポーツ政策研究，23(1)：1-16.

金井淳二・草深直臣（1991）体育・スポーツ行政の機構改革と「スポーツ振興会議」．草深直臣編，体育・スポーツにおける戦後改革の実証的研究平成2年度科学研究費補助金（一般研究B）研究成果報告書．pp. 139-149.

加藤大仁（2004）スポーツ政策形成過程にむけての一考察．体育研究所紀要，43(1):15-22.

加藤大仁（2009）「スポーツ振興くじ法」の立法過程．体育研究所紀要，48(1)：21-28.

加藤淳子（1997）税制改革と官僚制．東京大学出版会.

川崎秀二（1949）スポーツ振興策について．体育研究会編，体育．金子書房．1(2)：13-16.

木寺元（2012）地方分権改革の政治学　制度・アイディア・官僚制．有斐閣.

北山俊哉（2015）政策決定と利益——人々の利益はどのように調整されて政策になるのか？．秋吉貴雄ほか編，公共政策学の基礎〔新版〕．有斐閣ブックス．pp. 151-167.

小島廣光・平本健太（2020）政策形成と非営利法人制度改——新・政策の窓モデル——．経済学研究．70(1)：11-127.

小島和夫（1983）議員立法の概観．北大法学論集，33(5)：121-140.

近藤康史（2006）比較政治学における「アイディアの政治」——政治変化と構成主義．年報政治学，57(2)：36-59.

高津勝（1978）政策としてのスポーツ：大正デモクラシーとスポーツの政策化．中村敏雄編，スポーツ政策．大修館書店．pp. 36-93.

草深直臣（1977）戦後日本体育政策史序説——その1　戦後初期の体育政策，立命館大学人文科学研究所紀要．(25)：3-44.

草深直臣（1979）戦後日本体育政策史序説——その2　戦後体育の「民主化」過程．立命館大学人文科学研究所紀要．(29)：1-77.

草深直臣（1983）資料紹介：C.I.E.体育担当官覚書にみる戦後初期の保健・体育・レクリエーション計画の総括と課題．保健・体育研究，立命館大学人文科学研究所別冊，2：117-154.

教育刷新委員会（1948）中央教育行政機構に関すること．高橋寛人編（2016）教育刷新委員会総会配布資料集第3巻．クロスカルチャー出版．p. 101.

教育刷新審議会編（1950）教育改革の現状と課題——教育刷新審議会報告書．日本放送出版協会.

真渕勝（1994）大蔵省統制の政治経済学．中央公論社.

毎日新聞（1953）"体育局の復活を"スポーツ議員連盟建議案を近く提出．1953年2月13日朝刊4面.

毎日新聞（1955a）体育局新設を要請　高体連理事会で決議．1955年2月4日朝刊6面.

毎日新聞（1955b）社説：スポーツ行政の目標は何か．1955年6月7日朝刊1面.

毎日新聞（1955c）スポーツ局設置問題——体協は当分静観．1955年6月9日朝刊6面.

毎日新聞（1955d）今週中に決議の運び衆院内閣委スポーツ局の設置案．1955年7月18日朝刊7面.

毎日新聞（1955e）スポーツ局本決り——厚生省案，次国会へ提出．1955年8月28日朝刊7面.

毎日新聞（1955f）スポーツ局新設をめぐって．1955年8月28日朝刊2面.

毎日新聞（1955g）社説：スポーツ局の設置に反対する．1955年8月30日朝刊1面.

毎日新聞（1955h）割り切れないスポーツ局案．1955年8月30日朝刊2面.

毎日新聞（1955i）『スポーツ局』やめてもよい　川崎厚相，文部省と世論の板ばさみ．1955年9月2日朝刊7面．

毎日新聞（1957a）小委設け五輪招致など検討　スポーツ審議会．1957年4月11日朝刊7面．

毎日新聞（1957b）文部省に体育局を　スポーツ振興審議会が答申．1957年6月15日朝刊9面．

毎日新聞（1957c）文部省に体育局　通常国会に提案を準備．1957年8月19日朝刊1面．

毎日新聞（1958）「体育局」本ぎまり　文部省予算の見通しつく．1958年1月20日朝刊7面．

マーク・T・オア：土持ゲーリー法一訳（1993）占領下日本の教育改革政策．玉川大学出版部．

閔允淑，齋藤健司（2019）韓国における学生選手の学習権保障制度の前決定過程に関する研究．体育・スポーツ政策研究．28(1)：1-18.

宮川公男（1994）政策科学の基礎．東洋経済新報社．

宮川公男（1997）政策科学の新展開．東洋経済新報社．

水野忠文・木下秀明・渡辺融・木村吉次（1961）体育史概説──西洋・日本──．体育の科学社．

文部省（1948a）文教省設置法案．国立公文書館所蔵．請求番号：平14内閣00035100.

文部省（1948b）文部省設置法．国立教育政策研究所所蔵，文部省改組（戦後教育資料IX-6）所収．

文部省（1949a）文部省設置法C・I・E修正案に対する問題点．国立教育政策研究所所蔵，文部省改組（戦後教育資料IX-6）所収．

文部省（1949b）教育衛生の所管について．国立教育政策研究所所蔵，文部省改組（戦後教育資料IX-6）所収．

文部省（1950a）日本における教育改革の進展．伊ヶ崎暁生・吉原公一郎編（1975）戦後教育の原典（2）．現代史出版会．pp. 157-270.

文部省（1950b）文教省（仮称）組織試案．国立教育政策研究所所蔵．戦後教育資料IX-17.

文部省（1972）学制百年史資料編．帝国地方行政学会．

文部省大臣官房秘書課（1948）二級官進退（秘書課森田孝）文書課長を命ず等．国立公文書館所蔵．請求番号：昭59文部01749100.

文部省大臣官房審議班（1958）第28回国会文部省設置法の一部を改正する法律案（体育局の設置等）答弁資料．国立公文書館所蔵「文部省設置法」所収，請求番号：昭59文部00049100.

文部省行政監察委員会（1947）九月分行政監察報告書．国立公文書館所蔵「文部省行政監察委員会」所収．請求番号：昭59文部01111100.

文部省行政監察委員会（1948）文部省機構改革について．広島大学文書館所蔵森戸辰男関

係文書所蔵．目録番号：M002011203600．

文部省体育局（1968）保健体育審議会要覧．

森浩寿（2000）オーストラリア・スポーツ研究所の設立過程について．体育・スポーツ政策研究．9（1）：33-42．

森川貞夫（1978）スポーツ政策（史）研究の理論的諸問題．体育社会学研究会編，スポーツ政策論．道和書院．pp. 1-22.

森田孝（1949a）新しい文部省の機構と性格．文部時報（863）：12-17.

森田孝（1949b）文部省機構改革の要点．時事通信内外教育版（157）.

内閣官房（1956）第一次行政制度改革要綱について．国立公文書館所蔵，請求番号：平11総01749100.

内閣官房内閣参事官室（1958a）2月6日案件表．国立公文書館所蔵，請求番号：平14内閣00962100.

内閣官房内閣参事官室（1958b）2月7日案件表．国立公文書館所蔵，請求番号：平14内閣00963100.

中村昭雄（1996）日本政治の政策過程．芦書房.

中村祐司（1999）現代日本の政治とスポーツ．池田勝・守能信次編，講座・スポーツの社会科学4　スポーツの政治学．杏林書院．pp. 43-62.

中村祐司（2006）スポーツの行政学．成文堂.

中島太郎（1970）戦後日本教育制度成立史．岩崎学術出版社.

中沼丈晃（2007）政策段階論の意義．縣公一郎，藤井浩司編，コレーク政策研究．pp. 1-15.

日本近代教育史料研究会編（1996）教育刷新委員会教育刷新審議会会議録第三巻．岩波書店.

日本近代教育史料研究会編（1998）教育刷新委員会教育刷新審議会会議録第十巻．岩波書店.

日本体育学会（2010）日本体育学会60年記念誌.

日本体育学会（2019）定款（第1条名称，第3条目的）の改正について.

日本体育協会（1949）第三十回理事会議事録.

日本体育協会（1951a）第二回理事會議事録.

日本体育協会（1951b）文部省体育局設置方建議．体協時報，1（7）：74.

日本体育協会（1951c）文部省に体育局設置方建議．体協時報，1（8）：77.

日本体育協会（1955a）第六回理事会議事録．1955年6月8日.

日本体育協会（1955b）日誌．体協時報（43）：472.

日本体育協会（1955c）第八回理事会議事録．1955年7月19日.

日本体育協会（1955d）日誌．体協時報（44）：485-486.

日本体育協会（1955e）スポーツ振興に関する意見書——各方面に提出——．体協時報（43）：460.

日本体育協会（1955g）スポーツ局をめぐる問題　厚生・文部両省の動き．体協時報
　　（45）：499.

日本体育協会（1955h）スポーツ振興要望書提出．体協時報（46）：520.

日本体育協会（1957a）スポーツ振興意見書提出．体協時報（58）：7.

日本体育協会（1957b）スポーツ振興審議会の第一回答申とその経過について．体協時報
　　（63）：2-5.

日本体育協会（1958）第十七回理事会議事録．

日本体育協会（1963）日本体育協会五十年史．

西田泰介（1978）戦後の体育行政機構の変遷の記録．東京女子体育大学紀要，（13）：
　　1-10.

西村勝巳（2002）体育・スポーツ政策学の理論と構造．体育・スポーツ政策研究，11
　　(1)：27-40.

西岡晋（2007）政策アイディア論・言説分析．縣公一郎・藤井浩司編，コレーク政策研
　　究．成文堂．pp. 143-168.

西岡晋（2011）政策過程論の「構成主義的展開」．金沢法学，53(2)：97-140.

西岡晋（2012）シュミットの言説的制度論．岩崎正洋編，政策過程の理論分析．三和書
　　籍．pp. 133-148.

西岡晋（2021）日本型福祉国家再編の言説政治と官僚制　家族政策の「少子化対策」化.
　　ナカニシヤ出版．

野口源三郎（1950）スポーツ振興会議．体育研究会編，体育．金子書房．2(2)：6-10.

尾川翔大（2020）政党内閣期における行財政整理と運動競技の所管問題について．スポー
　　ツ史研究，33：1-17.

尾川翔大（2022）政党内閣期のスポーツ政策：文部省人事と「運動競技」の政策史．創文
　　企画．

荻原克男（1996）戦後日本の教育行政構造——その形成過程——．勁草書房．

岡本哲和（1996）戦後日本における科学技術機構の成立：科学技術庁の設立もしくは科学
　　技術省構想の挫折．情報研究：関西大学総合情報学部紀要，6：1-29.

大橋美勝・安田洋章（2002）スポーツ振興くじの成立過程に関する研究．岡山大学教育学
　　部研究集録，（121）：21-29.

大蔵省印刷局編（1938）厚生省官制．官報，（3304）：161-162.

大蔵省印刷局編（1946a）行政調査部臨時設置制．官報，（5937）：189.

大蔵省印刷局編（1946b）行政整理実施ノ為ニスル文部省官制中改正等ノ件．官報，
　　5713：196-197.

大蔵省印刷局編（1946c）教育刷新委員会官制．官報，（5872）：67.

大蔵省印刷局編（1947）行政監察委員会令．官報号外（三），（6190）：1.

大蔵省印刷局編（1948）臨時行政機構改革審議会令．官報，（6323）：55.

大蔵省印刷局編（1949a）保健体育審議会令．官報（6741）：45.

大蔵省印刷局編（1949b）官報号外　第五回國会衆議院会議録第三十一号.

大蔵省印刷局編（1949c）官報号外　第五回國会参議院会議録第三十二号.

大蔵省印刷局編（1958a）官報号外　第二十八回国会衆議院会議録第三十二号.

大蔵省印刷局編（1958b）官報号外　第二十八回国会参議院会議録第二十七号.

大山礼子（2003）国会学入門　第2版．三省堂.

尾崎正峰（2002）スポーツ政策の形成過程に関する一研究：オリンピック東京大会選手村の選定過程を対象に．一橋大学研究年報人文科学研究，39：159-252.

臨時行政機構改革審議会（1948）臨時行政機構改革審議会最終報告．国立公文書館所蔵．請求番号：昭57総00026100.

齋藤健司（2007a）フランススポーツ基本法の形成（上巻）．成文堂.

齋藤健司（2007b）フランススポーツ基本法の形成（下巻）．成文堂.

齋藤健司（2011）あとがき――スポーツ政策の現状とスポーツ政策学の課題――．菊ほか編，スポーツ政策論．成文堂.

齋藤健司（2012）現代的なスポーツをめぐるポリティクスの様相と視角．スポーツ社会学研究，20（2）：23-35.

坂上康博（1998）権力装置としてのスポーツ：帝国日本の国家戦略．講談社.

作成者不詳（n.d.）体育行政に関する総合的中央機関の必要性について．広島大学文書館所蔵「森戸辰男関係文書」所収，請求番号：MO02011203000，MO02011203500.

参議院事務局編（1949a）第五回國会参議院内閣・文部委員会連合委員会会議録第一号.

参議院事務局編（1949b）第五回國会参議院内閣委員会会議録第十六号.

参議院事務局編（1952）第十三回国会参議院内閣委員会第四十六号.

参議院事務局編（1957）第二十六回国会参議院文教委員会会議録第二十四号.

参議院事務局編（1958a）第二十八回国会参議院内閣委員会会議録第三号.

参議院事務局編（1958b）第二十八回国会参議院内閣委員会会議録第三十三号.

佐藤功（1957）行政組織法　法律学全集7．有斐閣.

関春南（1970）戦後日本のスポーツ政策：オリンピック体制の確立．一橋大学研究年報．経済学研究，14：125-228.

関春南（1975）スポーツ政策論研究序説．一橋大学研究年報．経済学研究，19：77-174.

関春南（1978）現代日本のスポーツ政策――その構造と展開――．中村敏雄編，スポーツ政策．大修館書店．pp. 95-214.

関春南（1997）戦後日本のスポーツ政策――その構造と展開．大修館書店.

新川敏光（1993）日本型福祉の政治経済学．三一書房.

スポーツ振興審議会（1957a）諮問　スポーツの国民一般に対する普及振興ならびにその国際交歓を促進するための根本方策について.

スポーツ振興審議会（1957b）答申第1号　スポーツの国民一般に対する普及振興ならびにその国際交歓を促進するための根本方策について.

鈴木英一（1970）教育行政（戦後日本の教育改革3）．東京大学出版.

諏訪伸夫（2002）体育・スポーツ政策学の体系づくりと人材育成——体育専門課程の教育の立場から——．体育・スポーツ政策研究，11(1)：55-62.

衆議院事務局編（1949a）第五回國会衆議院内閣委員会議録第十四號.

衆議院事務局編（1949b）第五回國会衆議院内閣・文部委員会連合審査会議録第一号.

衆議院事務局編（1949c）第五回國会衆議院内閣委員会議録第二十二号.

衆議院事務局編（1951）第十回国会衆議院予算委員会第二分科会（外務省，文部省，厚生省及び労働省所管）会議録第一号.

衆議院事務局編（1955a）第二十二回国会衆議院内閣委員会議事録第十三号.

衆議院事務局編（1955b）第二十二回国会衆議院文教委員会議事録第十三号.

衆議院事務局編（1955c）第二十二回国会衆議院内閣委員会議事録第十九号.

衆議院事務局編（1955d）第二十二回国会衆議院文教委員会議事録第三十一号.

衆議院事務局編（1955e）第二十三回国会衆議院内閣委員会議録第五号.

衆議院事務局編（1956）第二十四回国会衆議院文教委員会議録第二十号.

衆議院事務局編（1957a）第二十六回衆議院予算委員会議録第二号.

衆議院事務局編（1957b）第二十六回衆議院文教委員会議事録第七号.

衆議院事務局編（1958a）第二十八回国会衆議院内閣委員会議録第二号.

衆議院事務局編（1958b）第二十八回国会衆議院内閣委員会議録第十四号.

武田丈太郎（2009）スポーツ政策における政策過程に関する文献研究．体育経営管理論集，1：57-68.

武田丈太郎（2011）スポーツ振興法の制定及び改正における国会審議の過程：政策形成過程研究の視点から．体育・スポーツ政策研究，20：71-82.

田中宏和（2007）スポーツ振興投票の実施等に関する法律の制定過程の検討．体育・スポーツ科学研究，7：73-82.

田中宏和（2008）我が国におけるスポーツ行政及びスポーツ政策に関する研究の現状．国士舘大学体育研究所報，26：55-60.

田中暢子（2013）戦後日本における障害者のスポーツの発展——1949年から1970年代に着目して——．体育研究，47：11-24.

田中暢子・金子史弥（2011）英国スポーツ政策学における政策過程分析の理論に関する研究——政策ネットワーク分析，唱道連携フレームワーク，マルティプル・ストリームフレームワークを用いた研究事例に対する一考察．体育・スポーツ政策研究，20(1)：37-50.

田崎健太郎（2002）体育・スポーツ政策学の体系づくりと人材育成——生涯スポーツの実践の立場から——．体育・スポーツ政策研究，11(1)：69-75.

内海和雄（1990）「スポーツ基本法」の研究Ⅰ：戦後スポーツの行政と法（Ⅰ）．一橋大学研究年報．自然科学研究，27：1-169.

内海和雄（1992）「スポーツ基本法」の研究Ⅱ：戦後スポーツの行政と法（2）．一橋大学研究年報．自然科学研究，28：1-142.

内海和雄（1993）戦後スポーツ体制の確立．不昧堂．

横井康博，UNIVAS 設立の政策形成：新・政策の窓モデルによる実証研究．スポーツ健康科学研究43巻，2021，pp. 43-56.

読売新聞（1949）スポーツ振興会議発足．1949年 5 月27日朝刊 3 面．

読売新聞（1955a）「スポーツ局」早くも所管争い．1955年 6 月 3 日朝刊 1 面．

読売新聞（1955b）スポーツ行政への不満　体協代表，松村文相にぶちまける．1955年 6 月27日朝刊 4 面．

読売新聞（1955c）スポーツ局．1955年 8 月23日朝刊 4 面．

読売新聞（1955d）スポーツ局厚生省で本ぎまり．1955年 8 月27日夕刊 3 面．

読売新聞（1955e）争う文部，厚生　スポーツ局．1955年 8 月28日夕刊 2 面．

読売新聞（1955f）スポーツ局に反対．1955年 8 月30日朝刊 2 面．

読売新聞（1955g）文相，厚相に不満を表明　スポーツ局設定．1955年 8 月30日夕刊 1 面．

読売新聞（1955h）"松田無言相"もミルク発言．1955年 8 月31日朝刊 1 面．

読売新聞（1955i）本社座談会「スポーツ局」の問題点．1955年 9 月 3 日朝刊 2 面．

読売新聞（1955j）厚生省四局新設へ　生活・人口・国立公園・スポーツ．1955年 9 月 3 日夕刊 1 面．

読売新聞（1955k）1 兆円に力む大蔵省．1955年 9 月 4 日夕刊 2 面．

読売新聞（1955l）三局の増設見送り　厚生省決定　スポーツ局など．1955年 9 月11日朝刊 1 面．

読売新聞（1956）体育局を新設　灘尾文相語る．1956年12月30日朝刊 2 面．

読売新聞（1957a）東俊郎氏ら20氏　スポーツ審議会委員きまる．1957年 3 月 5 日朝刊 4 面．

読売新聞（1957b）会長に藤山氏決まる　スポーツ振興審議会初総会．1957年 3 月18日夕刊 3 面．

読売新聞（1957c）小委員会を設ける　スポーツ振興審議会．1957年 4 月11日朝刊 4 面．

読売新聞（1958a）文部省体育局．1958年 2 月 4 日朝刊 4 面．

読売新聞（1958b）社説　スポーツ行政に望むもの．1958年 3 月24日朝刊 1 面．

全日本体育会議大阪府実行委員会事務局（1955）全日本体育会議報告書．

［外国語文献］

Anonymous（1948）DRAFT OF THE ESTABLISHMENT OF THE MINISTRY OF EDUCATION. 国立国会図書館所蔵 GHQ/SCAP 文書，Ministry of Education 所収．請求番号：CIE（C）04660.

Arthur K. Loomis（1948）The Organization of the Ministry of Education. 国立国会図書館所蔵 GHQ/SCAP 文書，Conference Report, Education Division, Loomis 所収．請求番号：CIE（A）032026.

Azuma Toshiro（1948）ADMINISTRATIVE ORGANIZATION OF JAPAN'S PHYSI-

CAL EDUCATION. 国立国会図書館所蔵 GHQ/SCAP 文書，Ministry of Education 所収．請求番号：CIE(C)04658-04659.

Douglass C. North (1990) Institutions, Institutional Change and Economic Performance. Cambridge University Press.

James G. March and Johan P. Olsen (1984) The New Institutionalism: Organizational Factors in Political Life. American Journal of Sociology,83: 340-363.

James G. March and Johan P. Olsen (1989) Rediscovering Institutions.Free Press.

John L. Campbell (2001) Institutional Analysis and the Role of Ideas in Political Economy.John L. Campbell and Ove K. Pedersen eds,The Rise of Neoliberalism and Institutional Analysis.Princeton University Press.pp. 159-190.

John W. Kingdon (2003) Agendas, alternatives and public policies, 2nd Edition. New York: Harper Collins College Publishers.

Judith Goldstein and Robert Keohane eds (1993) Ideas and Foreign Policy: Belief, Institutions, and Political Change.Cornell University Press.

Margaret Weir (1992) Ideas and the politics of bounded innovation.Kathleen Thelen and Frank Longstreth eds, Structuring Politics Historical institutionalism in Comparative Analysis.Cambridge University Press.

Margaret Weir and Theda Skocpol (1985) State structure and the possibilities for Keynesian responses to the great depression in Sweden, Britain and the United States.Peter B. Evans, et al eds, Bringing the State Back in.Cambridge University Press.

Martha Derthick and Paul J. Quirk (1985) The Politics of Deregulation.Brookings Institution.

Paul A. Sabatier and Christopher M. Weible (2007) The Advocacy coalition framework: Innovations and clarifications.Sabatier, P. A. eds,Theories of the Policy Process, 2nd Edition, Westview Press. pp. 189-220.

Paul E. Webb (1948a) Consideration of the Current Revision of the Mombusho Reorganization Bill. 国立国会図書館所蔵 GHQ/SCAP 文書，Conference Reports, Education Division——Webb 所収．請求番号：CIE(B)02559.

Paul E. Webb (1948b) Reorganization of the Mombusho. 同上所収．請求番号：CIE(B)02559.

Paul E. Webb (1948c) Proposed Reorganization of Ministry of Education. 同上所収．請求番号：CIE(B)02559.

Paul E. Webb (1948d) Proposed Reorganization of the Ministry of Education. 同上所収．請求番号：CIE(B)02559.

Paul E. Webb (1948e) Proposed Reorganization of the M/Ed. 同上所収．請求番号：CIE(B)02558.

Paul E. Webb（1948f）Reorganization of the Ministry of Education. 同上所収．請求番号：CIE(B)02558.

Paul E. Webb（1948g）Reorganization of the Mombusho. 同上所収．請求番号：CIE(B)02558.

Paul E. Webb（1948h）Reorganization of the Mombusho. 同上所収．請求番号：CIE(B)02558.

Paul J. DiMaggio and Walter W. Powell（1983）The Iron Cage Revisited: Institutional Isomorphism and Collective Rationality in Organizational Fields.American Sociological Review, 48: 147-160.

Paul Pierson（1994）Dismantling the Welfare State?: Reagan, Thatcher, and the Politics of Retrenchment. Cambridge University Press.

Peter A. Hall and Rosemary C.R. Taylor（1996）Political Science and the Three New Institutionalism.Political Studies, 44: 936-957.

Stephen D. Krasner（1984）Approaches to the state: Alternative conceptions and historical dynamics.Comparative Politics, 16: 223-246.

Theda Skocpol（1985）Bringing the State Back in.Peter B. Evans et al. eds, Bringing the State Back In.Cambridge University Press.

Vivien A. Schmidt（2002）The Futures of European Capitalism.Oxford University Press.

Vivien A. Schmidt（2010）Taking Ideas and Discourse Seriously: Explaining Change through Discursive Institutionalism as the Fourth 'New Institutionalism'. European Political Science Review, 2(1): 1-25.

William Neufeld（1948a）Reorganization of Mombusho. 国立国会図書館所蔵 GHQ/SCAP 文書, Ministry of Education 所収．請求番号：CIE(C)04658.

William Neufeld（1948b）Weekly Conference. 国立国会図書館所蔵 GHQ/SCAP 文書, Conference Reports, Education Division——Neufeld 所収．請求番号：CIE(D)01752.

William Neufeld（1948c）Weekly Meeting of Physical Education Bureau-Discussion regarding re-organization of the Ministry of Education. 同上所収．請求番号：CIE(D)01751.

William Neufeld（1948d）Physical Education Bureau. 同上所収．請求番号：CIE(D)01751.

William Neufeld（1948e）Reorganization of Education Ministry. 同上所収．請求番号：CIE(D)01751.

William Neufeld（1948f）Reorganization of Education Ministry. 同上所収．請求番号：CIE(D)01751.

William Neufeld（1948g）Retaining the Physical Education Bureau in the Ministry of Education. 同上所収．請求番号：CIE(D)01751.

William Neufeld（1948h）Reorganization of Education Ministry. 同上所収．請求番号：

CIE(D)01751.

William Neufeld (1949a) Physical Education Bureau Meeting. 同上所収.　請求番号：CIE(D)01749.

William Neufeld (1949b) Weekly Meeting of the Bureau of Physical Education Officials. 同上所収.　請求番号：CIE(D)01749.

William Neufeld (1949c) Request for the Establishment of Health and Welfare Bureau in Ministry of Education. 同上所収.　請求番号：CIE(D)01749.

William Neufeld (1949d) Revised Draft of the Ministry of Education Establishment Bill. 同上所収.　請求番号：CIE(D)01749.

William Neufeld (1949e) Weekly Physical Education Bureau Meeting. 同上所収.　請求番号：CIE(D)01749.

William Neufeld (1949f) Reorganization of the Ministry of Education. 同上所収.　請求番号：CIE(D)01749.

William Neufeld (1949g) Weekly Meeting of Physical Education Bureau Officials. 同上所収.　請求番号：CIE(D)01749.

William Neufeld (1949h) Discontinuance of Physical Education Bureau. 同上所収.　請求番号：CIE(D)01749.

著者略歴

平 塚 卓 也（ひらつか たくや）

1993年　神奈川県に生まれる
2016年　筑波大学体育専門学群卒業
2020年　環太平洋大学体育学部助教
2021年　筑波大学大学院人間総合科学研究科修了
　　　　博士（体育科学）
2022年　関西福祉大学教育学部講師、現在に至る

戦後体育行政の形成過程

2023年11月1日　初版第1刷発行

著　者　平 塚 卓 也
発行者　阿 部 成 一

〒162-0041　東京都新宿区早稲田鶴巻町514
発行所　株式会社　成文堂
電話03（3203）9201代　FAX03（3203）9206
http://www.seibundoh.co.jp

製版・印刷　藤原印刷　製本　弘伸製本　　検印省略
© 2023　T. Hiratsuka　Printed in Japan
ISBN978-4-7923-3436-9 C3031

定価（本体2700円＋税）